Tirando de letra

Tirando de letra:

✔ orientações
✔ simples e
✔ práticas para
✔ escrever bem

Chico Moura e Wilma Moura

Companhia Das Letras

Sumário

Introdução

Seria a capacidade de escrever bem algo restrito a um pequeno número de pessoas talentosas?

Esse e outros tantos mitos relacionados à escrita são bastante difundidos aqui e ali. No entanto, eles não encontram correspondência na prática. Qualquer pessoa interessada é capaz de produzir bons textos, desde que conheça princípios básicos da escrita e certos aspectos relacionados ao estilo. Ou seja, a produção de bons textos não depende de nenhuma dádiva especial. Mas o que é um bom texto?

A resposta a essa pergunta depende de diversos aspectos, como a intenção de quem escreve e para quem escreve, e do contexto em que escreve. O bom texto é aquele que atende às necessidades decorrentes desses fatores. O "bom", neste caso, pode ser entendido como "adequado". Um texto formal, extremamente bem estruturado, com tratamento cerimonioso e vocabulário apurado estaria longe de ser bom, se o contexto a que se aplicasse fosse informal. Do mesmo modo, um texto coloquial, descontraído, sem grandes preocupações com exatidão vocabular ou estrutura formal, na escrita de um documento, estaria muito inadequado.

O objetivo deste livro é explicitar esses princípios e tratar de questões estilísticas em geral pouco abordadas nos manuais existentes. Sempre com referência à escrita não ficcional.

Não se pretende trabalhar partindo nem de gênero nem de tipologia textual, ainda que sejam mencionados quando for o caso, e sim de elementos básicos de estilo; também a correção gramatical — apesar de necessária — não terá lugar de destaque. Vale o mesmo para as técnicas argumentativas ou narrativas e textos literários.* O foco será a organização do texto, a clareza e a precisão, a concisão, a coerência e a coesão, o ritmo; enfim, elementos de estilo que podem auxiliar na elaboração de textos em geral.

Em língua inglesa, existe uma tradição bastante forte de produzir guias de escrita, que resultou em obras que consagraram autores como William Strunk Jr. e E. B. White (*Elements of Style*), Stephen Wilbers (*Keys to Great Writing*), passando por William Zinsser (*On Writing Well*) e chegando a Steven Pinker (*The Sense of Style*), para citar apenas alguns. Cada um trilhou caminhos próprios, indo dos mais prescritivos aos que negam a importância das regras.

Nós bebemos dessas fontes ao conceber este livro. Porém, nossa experiência como professores de redação e autores e editores de obras dedicadas ao ensino nos indica uma posição intermediária: por um lado, temos de fornecer alguns parâmetros que, em geral, levam a acertos e mostrar o que é melhor evitar. Por outro, temos claro que não é seguindo regras de como redigir que alguém vai se tornar um escritor. Longe disso, a ideia aqui é fornecer ferramentas básicas para que o leitor deste livro tenha segurança para escrever de maneira simples e correta. Tendo domínio desses mecanismos, terá condições de quebrar tantas regras quantas queira, mas ciente de que as está quebrando e sabendo por que está fazendo isso. E aí, terá surgido um escritor de fato competente, com personalidade e estilo próprio.

* Termos específicos da gramática ou da linguística estão explicados no glossário.

1

O que é preciso saber para produzir uma escrita competente

Num mundo repleto de atrativos que concorrem fortemente pela atenção das pessoas, não é fácil manter o interesse de alguém por um texto escrito. E se a redação não estiver boa, então pode esquecer: ele será abandonado rapidamente pelo leitor.

São vários os problemas que podem comprometer um texto e levar o leitor a perder o interesse: se for muito palavroso e carregado de termos empolados, pode ficar incompreensível; se as frases forem mal construídas, o leitor pode entendê-las de maneiras diversas e não alcançar o sentido pretendido pelo autor; se o escritor mudar os pronomes ou alterar o tempo dos verbos no meio do parágrafo, o leitor pode se perder e não saber mais quem está falando ou quando a ação ocorreu; se a sequência das frases não estiver lógica, é provável que o leitor não consiga fazer as conexões esperadas; o escritor, em cuja cabeça essas conexões estão claras, pode não ter se dado ao trabalho de torná-las explícitas. E por aí vai.

Para ser competente, ou seja, para atingir os objetivos para a qual foi produzida, qualquer escrita precisa seguir alguns princípios básicos de composição. Não se trata de uma fôrma, um molde dentro do qual colocar um conteúdo, mas de um modo de expressá-lo que contribui para a sua eficácia.

O primeiro — e talvez o mais importante atributo de um texto — é a clareza. A ponto de, já no século XIX, o crítico literário britânico Matthew Arnold ter afirmado ser este o único segredo do estilo: "Tenha algo a dizer e o faça da maneira mais clara possível".

Além da clareza, simplicidade, concisão, precisão, coerência, coesão e ritmo são atributos que devem estar presentes nos textos. Não se está tratando, aqui, do texto literário, que segue outros parâmetros que não nos propusemos a abordar.

Antes de nos determos em cada um desses atributos — o que será feito em capítulos subsequentes —, vamos apresentar a seguir alguns princípios elementares como ponto de partida.

Tenha claro o que você quer dizer

Por que você está escrevendo? Que informações, pensamentos e experiências você quer relatar para o seu leitor? Por quê? Saber o propósito da escrita é condição necessária para a sua adequação.

Tendo em conta seu objetivo e seus pontos de vista, qual é a melhor forma de organizar esse material?

Qual o modo mais eficiente de ilustrar e fundamentar seus argumentos?

Como você pode expor seus pontos de vista de maneira fluida, conectando-os logicamente?

Essas perguntas, que precedem o ato de escrever, servem de orientação para o esboço, que é o passo inicial da produção de texto. Ter um esqueleto a ser preenchido facilita a redação.

Prepare-se para expor suas ideias

Supondo que você tenha escolhido o assunto sobre o qual vai escrever, comece se questionando:

- → O que você sabe a respeito do assunto é suficiente para escrever sobre ele de maneira significativa?
- → Você está disposto a despender esforço e tempo para buscar as informações necessárias?
- → Você é capaz de apresentar esse assunto de modo que seja interessante, relevante e útil para o seu possível leitor?

Se a escolha do assunto não for sua, mais um motivo para você se preparar antes de começar a escrever. Não é perda de tempo, pelo contrário. Quanto mais você souber sobre o tema, mais condições terá de desenvolvê-lo de maneira consistente.

Defina seu objetivo principal

Em geral, escreve-se para informar, persuadir ou entreter. Essas categorias não são excludentes, podendo muitas vezes estar misturadas, mas uma delas sempre se sobrepõe às demais. Ter certeza sobre seu objetivo é fundamental para que o trabalho seja bem-sucedido, pois disso dependem várias decisões que é preciso tomar durante o processo de escrita: como abordar o assunto, como desenvolvê-lo, quais argumentos empregar e como usá-los, se é ou não o caso de exemplificar, se cabe ou não expor seu ponto de vista, entre outras tantas.

Formule uma tese como ponto de partida

Esse passo se aplica apenas a alguns tipos de textos. Ele tem a ver, sobretudo, com as escritas persuasivas, aquelas em que a intenção de quem escreve é convencer seu leitor de alguma coisa.

A tese não pode ser tão restrita que não se possa discuti-la (por exemplo, "As estações do ano duram três meses"), nem tão ampla que não caiba em um número razoável de páginas ("O governo não está preocupado com o meio ambiente").

Primeiro se estabelece o tema e, a seguir, os aspectos que serão trabalhados. Por exemplo, dentro do tema "governo e meio ambiente", podem ser considerados o uso de combustíveis fósseis e o desmatamento. Nesse caso, a tese poderia ser algo como:

> Medidas como o incentivo ao uso de combustíveis fósseis e a falta de controle do desmatamento por empreendimentos imobiliários revelam falta de compromisso do governo com o desenvolvimento sustentável.

Selecione um tipo de texto

Escolhido o assunto e estabelecido o objetivo do texto a ser escrito, há vários caminhos possíveis.

Você pode escolher entre descrição, narração, exposição e persuasão. Cada um deles tem vantagens. Dependendo do seu objetivo, do leitor e do assunto escolhido, selecione o mais adequado para auxiliá-lo a alcançar sua meta. Na maioria das vezes, você irá empregar uma combinação desses tipos.

Quando quiser fornecer dados sobre uma pessoa, um objeto, uma cena, um local, empregue a descrição

Mostrar é mais eficiente do que *contar* ao leitor.

As descrições podem ser tanto objetivas como subjetivas. As objetivas se valem de aspectos factuais, que podem ser percebidos por qualquer observador. As subjetivas dependem do olhar de quem descreve. Em geral, a descrição que apela aos cinco sentidos e que se vale de aspectos concretos tem um impacto maior. Além de facilitar a comunicação com o leitor, pode levá-lo a compreender melhor o que se pretende descrever.

Veja estes dois casos:

> Espremida dentro de muralhas romanas, medievais e do século 17, a teia de ruas de Évora representa riqueza

arquitetônica e cultural. Da imponente catedral, uma caminhada pelas lojas de artesanato da rua 5 de Outubro leva à praça do Giraldo, a agitada praça principal da cidade, cujas arcadas são uma lembrança da influência mourisca. A religiosidade de Évora se reflete na quantidade e variedade de igrejas. São mais de 20 igrejas e mosteiros incluindo a Capela dos Ossos. Os excelentes restaurantes da cidade e os nomes curiosos de algumas de suas ruas históricas, como Beco do Homem Não Barbeado ou rua do Alfaiate da Condessa, tornam a cidade alegre e ainda mais prazerosa.

(*Guia visual: Portugal, Madeira e Açores*, p. 304.)

Vê um nariz batatudo, reluzente e esburacado como uma casca de bergamota. Boca estranhamente juvenil entre queixo e bochechas tomados por rugas finas, pele um pouco flácida. Barba feita. Orelhas grandes com lóbulos maiores ainda, parecendo esticados pelo próprio peso. Íris da cor de café aguado no meio de olhos lascivos e relaxados. Três sulcos profundos na testa, horizontais, perfeitamente paralelos e equidistantes. Dentes amarelados. Cabelos loiros abundantes quebrando numa única onda por cima da cabeça e escorrendo até a base da nuca.

(Daniel Galera, *Barba ensopada de sangue*, p. 13.)

Notou a diferença? Ambos os textos são descritivos, mas se valem de recursos bem diversos. Nos textos técnicos ou de divulgação científica, bem como em manuais e guias (como no primeiro caso), a descrição é predominantemente objetiva. Atém-se àquilo que é observável. Na ficção, a descrição é, em geral, mais subjetiva, tem a ver com o olhar de quem está descrevendo (como na caracterização de personagem que abre o romance de Daniel Galera).

Para contar uma história, use a narração

Contar histórias não é simples. Exige uma habilidade especial para criar tensões dramáticas de forma a despertar o interesse do leitor. Além de ser usada em textos ficcionais, relatos, depoimentos, notícias e acontecimentos históricos, a narração também pode ser empregada em textos expositivos e persuasivos.

Veja um exemplo de narração num texto de ficção escrito por Raduan Nassar, um mestre da prosa narrativa:

> Na modorra das tardes vadias na fazenda, era num sítio lá do bosque que eu escapava aos olhos apreensivos da família; amainava a febre dos meus pés na terra úmida, cobria meu corpo de folhas e, deitado à sombra, eu dormia na postura quieta de uma planta enferma vergada ao peso de um botão vermelho; não eram duendes aqueles troncos todos ao meu redor, velando em silêncio e cheios de paciência meu sono adolescente? que urnas tão antigas eram essas liberando as vozes protetoras que me chamavam da varanda? de que adiantavam aqueles

gritos, se mensageiros mais velozes, mais ativos, montavam melhor o vento, corrompendo os fios da atmosfera? (meu sono, quando maduro, seria colhido com a volúpia religiosa com que se colhe um pomo).

(Raduan Nassar, *Lavoura arcaica*, pp. 13-4.)

Agora, observe o emprego da narração num trecho de um relato jornalístico:

[O ator] Teodoro Nunes vive sem luz há ininterruptos treze anos e dez meses. Dispôs de eletricidade entre 1994, quando se mudou para o apartamento que pertence à sua família, e 1998, quando o antigo morador se lembrou de cancelar o débito automático da conta. Períodos com e sem energia se intercalaram até o apagão definitivo, em outubro de 2002, motivado por um episódio nebuloso na memória do ator.

(Guilherme Novelli, *piauí*, p. 11.)

Bem diferentes, sem dúvida, mas ambos narrativos, habilmente construídos para contar histórias: ficcional a primeira, real a segunda.

Para informar o leitor, use o texto expositivo

O texto expositivo é utilizado nos mais variados campos profissionais, da escrita técnica e científica até a acadêmica e jurídica. Em geral, esse tipo de texto incorpora os outros três — descrição, narração e persuasão — e assume um tom mais impessoal e objetivo.

> Pode parecer mentira, mas a Terra está hoje mais verde do que há 30 anos, e tudo graças ao aumento dos níveis de dióxido de carbono (CO_2) na atmosfera, que atuaram como "fertilizante" para as plantas. A conclusão é de um estudo internacional publicado hoje (25) na revista científica *Nature Climate Change*, uma das publicações com maior impacto científico.
>
> A investigação concluiu que, entre 1982 e 2015, verificou-se uma subida significativa da biomassa verde em quase metade das regiões do mundo (40%). Ao mesmo tempo, em apenas 4% do planeta se detectou uma perda significativa de vegetação.
>
> (Agência Lusa, site Agência Brasil.)

Observe que, nessa explicação, houve o cuidado de citar uma fonte — o nome da revista — valorizada no mundo científico, de modo a conferir "autoridade" ao que está sendo noticiado: a despeito das expectativas em contrário, houve aumento do verde no planeta. Trata-se de um recurso particularmente útil quando se quer relatar algo que vai contra o senso comum e precisa ser justificado.

Para convencer o leitor a pensar, agir ou sentir de uma determinada maneira, empregue o texto persuasivo

Do mesmo modo que a exposição, também a persuasão incorpora as demais tipologias textuais. Mas, nesse caso, o propósito é influenciar o pensamento, as ações ou os sentimentos do leitor. O texto expositivo é mais focado no assunto; o persuasivo, no leitor. Desse modo, a escolha da palavra mais adequada, do tom mais envolvente, da argumentação mais convincente é estratégica.

A linguagem persuasiva é muito utilizada em campanhas comunitárias, produzidas por órgãos governamentais. Veja, por exemplo, os dizeres de um cartaz de uma campanha veiculada pelo Ministério da Saúde, em 2015:

> DENGUE E CHIKUNGUNYA
>
> O perigo aumentou. E a responsabilidade de todos também.
>
> E você, já fez sua parte?

Note o uso da palavra "você", que se refere diretamente ao leitor, foco da mensagem.

Nos artigos de opinião, como neste trecho de um ensaio sobre a preguiça no samba, de autoria da psicanalista Maria Rita Kehl, o convencimento do leitor — sempre ele, o foco do texto — pode se dar por vias menos diretas:

> Sambar, tocar, cantar a noite toda, sem preguiça nenhuma, é uma forma de vadiagem que escapa à polarização atividade/inatividade e, em troca, opõe trabalho a prazer, uso útil do tempo a desperdício inútil das horas que o relógio se esquece de marcar e cuja passagem o corpo não dá sinais de reparar. Preguiçoso, o sambista? Que nada: incansável!
>
> (Maria Rita Kehl, "A preguiça na cadência do samba", p. 356.)

Conheça seu leitor

Nada é totalmente neutro em termos de língua. As palavras que você usa, o modo como constrói as frases e as organiza num texto, a consistência e a precisão de suas afirmações, o que você diz ou deixa de dizer e até o que está por trás do que foi dito revelam muito sobre você. E podem aproximá-lo ou afastá-lo do seu leitor.

Trata-se de adequação, de escrever do jeito certo para as pessoas certas. É preciso cautela na escolha das palavras — que têm o poder de incluir ou de excluir leitores —, no uso de pronomes, entre outros cuidados. Alguns estereótipos estão de tal maneira arraigados na linguagem que só nos damos conta deles quando alguém, que se sente atingido, os aponta.

Tudo isso só faz sentido porque quem escreve, em geral, escreve para alguém ler. Pergunte-se: quem é o meu leitor? Como ele se posiciona em relação a mim e ao assunto de que vou tratar? Como posso cativá-lo?

Buscar respostas a essas perguntas ajuda a redigir um texto mais adequado. Quanto mais você souber sobre seus leitores, maior será a probabilidade de êxito na interação com eles.

É o destinatário do texto que dá indícios ao escritor do registro — formal ou informal — a ser empregado, do vocabulário a ser utilizado, do nível de aprofundamento da argumentação. Afinal, é para ele que o texto está sendo escrito.

Como organizar o texto

2

Vencida a etapa anterior, começa-se a pensar na produção propriamente dita. Escrever é combinar, ou seja, arranjar e rearranjar palavras em frases, frases em parágrafos, parágrafos num texto que seja coerente, coeso e faça sentido para quem lê.

Nas palavras de William Zinsser, "A escrita é a organização lógica do pensamento". Organizar o pensamento supõe relacionar as ideias de forma clara, encadeada, de modo a não dar margem a entendimentos equivocados, a ambiguidades, a conclusões falsas.

A maneira como você faz esse arranjo, como organiza seu pensamento, torna o seu texto único entre outros, o particulariza como escritor. Apesar desse caráter individual inerente à produção escrita, existem alguns procedimentos genéricos que, quando seguidos, tornam essa tarefa mais simples e produtiva. É o que veremos a seguir.

Planeje o que vai escrever

Antes de mais nada, faça um apanhado do que você sabe sobre o assunto ou retome anotações de leituras que já tenha feito.

→ Pergunte-se: o que eu quero dizer sobre o tema? A resposta que você der a essa pergunta será a sua tese (mencionada no capítulo anterior).
→ Selecione ideias e argumentos que vão sustentar seu ponto de vista.

- Verifique se será necessário consultar outras fontes para fundamentar suas afirmações.
- Pense agora na maneira como o texto vai ser desenvolvido: você vai se valer de exemplos, analogias, definições, divisões ou classificações? Que outros recursos julga relevantes?
- Pense também no modo como vai apresentar sua conclusão.
- Comece a escrever seguindo o plano, podendo reformulá-lo sempre que achar necessário. Plano não é camisa de força, é ajuda.

Escolha seu método de desenvolvimento

Há diversas maneiras de desenvolver um texto: citando exemplos, detalhando cada passo de uma explicação, dividindo ou reunindo em categorias, comparando e analisando, estabelecendo relações de causa e efeito, definindo conceitos.

O uso de *exemplos* para esclarecer, ilustrar e apoiar pontos de vista é um princípio básico da escrita efetiva. O texto provoca mais impacto no leitor quando é específico, detalhado, relevante e adequado. Relatos de fatos, analogias, metáforas e citações são recursos adequados para bem exemplificar.

Com uso de analogia:

A luta entre *Davi e Golias* ficou muito mais equilibrada. Viva a competição. Dela virão as respostas.

(Nizan Guanaes, a respeito de marcas comerciais. *Folha de S.Paulo*.)

Com uso de metáfora:

Há palavras que são *armadilhas* para os ouvidos [...].

(Ivan Ângelo, *Veja São Paulo*.)

[...] a grande maioria dos gays do mundo do futebol continua *dentro do armário*. Quem vai comprar uma briga dessa?

(Mariliz Pereira Jorge, a respeito de uma declaração do dirigente de um clube de futebol. *Folha de S.Paulo*.)

Com uso de citação:

É ao descrever sua infância, [...] que Nabuco demonstra a força com que a experiência do país marca a vida de todos nós: "O traço todo da vida é para muitos um desenho da criança esquecido pelo homem [...]".

(Celso Lafer, *O Itamaraty na cultura brasileira*, p. 19.)

Pelo que o mundo já viveu em 2017, "resiliência" deve vir a ser a palavra do ano. Mas não é de agora que a capacidade de "se recobrar facilmente ou se adaptar à má sorte ou às mudanças", segundo o dicionário *Houaiss*, é necessária.

(Joca Reiners Terron, *Folha de S.Paulo*.)

O cronista Fernando Sabino, numa carta enviada à escritora Clarice Lispector, fez uso de exemplos de uma forma muito peculiar:

> Nova York, 10 de junho de 1946
> Clarice,
> [...] Tenho dado muitas gafes aqui com o meu pobre inglês. Uma: entrei num drugstore para comprar remédio para dor de cabeça e acabei levando uma loção para cabelos. Tenho tido muitos pesadelos. Um: ontem sonhei com um rato encravado na parede, guinchando de dor. Tenho reformado muitos conceitos, por exemplo: o Jayme Ovalle não é tão chato como eu imaginava. Tenho imitado Otávio de Faria em tudo o que ele não faz. Tenho feito descobertas importantes, por exemplo: o pecado é simplesmente tudo o que Cristo não fez. Tenho conhecido sujeitos famosos, por exemplo: Duke Ellington. [...]
> Fernando
> (Clarice Lispector, *Correspondências*, pp. 82-5.)

Veja como o texto teria ficado muito mais pobre e sem graça se ele tivesse aberto mão dos exemplos e escrito simplesmente assim:

> Tenho dado muitas gafes aqui com o meu pobre inglês. Tenho tido muitos pesadelos. Tenho reformado muitos conceitos. Tenho feito descobertas importantes. Tenho conhecido sujeitos famosos.

Em textos instrucionais, aqueles em que se explica como fazer algo ou como alguma coisa funciona, um bom método é *detalhar cada passo*. É o que se faz em receitas culinárias, manuais de eletrodomésticos, regras de jogos, montagem de objetos e máquinas, entre outros.

Nesse tipo de texto, é fundamental não perder de vista que se está ensinando algo que o leitor não sabe. Assim, a clareza e o detalhamento progressivo, sem supor que alguns passos já sejam conhecidos, é a regra de ouro.

O linguista Steven Pinker, em seu *Guia de escrita*, chama os saltos de informação de "maldição do conhecimento", citando como exemplo os manuais de uso de produtos eletrônicos, que provavelmente são muito claros para os engenheiros que os produziram, mas, para os leigos, são obscuros e incompreensíveis.

Em relação ao modo de escrever, ao fazer esse detalhamento, é importante ficar atento para as estruturas utilizadas, de modo que sejam paralelas. Assim, verifique o início de cada item da enumeração: se alguns começam com verbos e outros com substantivos, ou se alguns são frases completas e outros são fragmentos, não existe paralelismo. Como neste trecho retirado de um manual de instruções de um eletrodoméstico (os grifos são nossos):

Limpeza

— Antes de efetuar qualquer operação de limpeza ou manutenção, *retire* o cabo de alimentação da tomada ou desligue o disjuntor.

— Para aumentar a vida útil do seu produto e evitar manchas, *fazer* a limpeza interna e externa com frequência.
— Não *utilize* cera, ou produtos de limpeza com silicone ou materiais inflamáveis.
— Nunca *usar* produtos de limpeza com álcool.
— *É* contraindicado o uso de produtos abrasivos.

Notou que, nas orações em que se diz o que deve ser feito, há uma mistura de modos verbais, ora imperativo (*retire*, *não utilize*), ora infinitivo (*fazer*, *nunca usar*)? Repare também na última recomendação, que destoa das anteriores.

Por que o paralelismo é importante? Porque facilita a leitura e a compreensão. Veja o mesmo texto, reescrito com estruturas paralelas:

Limpeza
— Antes de efetuar qualquer operação de limpeza ou manutenção, *retire* o cabo de alimentação da tomada ou desligue o disjuntor.
— Para aumentar a vida útil do seu produto e evitar manchas, *faça* a limpeza interna e externa com frequência.
— Não *utilize* cera, ou produtos de limpeza com silicone ou materiais inflamáveis.
— Nunca *use* produtos de limpeza abrasivos ou com álcool.

A *divisão* e a *classificação* também são métodos empregados no desenvolvimento de um texto. Uma classe de trinta alunos, por exemplo, agrupados de cinco em cinco, está apenas dividida. Se os alunos estiverem organizados por idade, por gênero, por local de procedência, ou por qualquer outro critério, estarão classificados. Por isso se chama "Classificados" a seção dos jornais em que há anúncios de empregos, imóveis, veículos etc. Note que eles aparecem divididos — não se veem anúncios de carros para vender junto com anúncios de apartamentos para alugar — e agrupados em diferentes classes — oportunidades de emprego, imóveis para alugar ou vender, automóveis usados ou novos.

Vejamos um exemplo de aplicação desse recurso em um texto:

> O reino *animalia* é formado por seres que se movem: insetos, vermes, peixes, répteis, anfíbios, aves e mamíferos.
>
> (Site Vida e Saúde)

Nessa frase, a expressão "reino *animalia*" foi usada para indicar semelhança entre os seres citados: todos eles se movem. Foi feita aqui uma *classificação*. Os termos "insetos", "vermes", "peixes", "répteis", "anfíbios", "aves" e "mamíferos", ao contrário, indicam uma *divisão*, pois apontam as diferenças entre eles, individualizando-os dentro de uma classe ao nomeá-los um a um.

O fragmento reproduzido a seguir é uma amostra interessante de como a classificação foi usada para explicar os diferentes tipos de problemas (filosófico, social, político e científico) causados pela aceleração do envelhecimento no Brasil nas últimas décadas:

> *Filosófico*, porque a velhice carece de novo sentido e requer ética nova. *Social*, porque os velhos ainda têm lugar na sociedade atual. *Político*, porque a existência de um número maior de velhos exige políticas e ações que permitam ao segmento idoso viver como cidadão. E *científico*, pois não basta sobreviver: tanto a ciência quanto a tecnologia devem, com seus avanços, colaborar para a melhoria da qualidade de vida daqueles que envelhecem e resolver novos desafios teórico-metodológicos.
>
> (Maura Véras, citada por Alexandre Hecker, *Uma história da longevidade no Brasil*, pp. 112-3.)

O que a autora fez foi agrupar os diferentes problemas em quatro classes, em função de suas características: de ordem filosófica, social, política e científica.

Em suma: use a divisão quando quiser identificar diferenças e a classificação quando o objetivo for enfatizar semelhanças.

Comparações e *analogias* são úteis principalmente em textos que tratam de assuntos mais complexos, dos quais o leitor pode ter um conhecimento relativamente limitado. Elas tornam familiar o que é desconhecido, e simples o que é complicado. Como neste caso:

Nossas tentativas de manipular ecossistemas complexos são provavelmente inúteis. Assim como os furacões, o instinto de reprodução e a competição entre espécies são forças poderosas demais para ser controladas. Se desejamos restringir nosso impacto no planeta, o melhor é controlar o número de humanos e suas atividades predatórias. O erro é acreditar que nossa capacidade de destruir ecossistemas nos habilita a controlar a interação entre os seres vivos e o meio ambiente.

(Fernando Reinach, *A longa marcha dos grilos canibais*, pp. 18-9.)

Percebeu como a analogia com a força dos furacões, conceito simples e conhecido, foi usada para ajudar a entender a força do instinto de reprodução e a competição entre as espécies, conceito bem mais complexo e menos conhecido?

Causa e efeito envolvem análise de conexões. Fundamental, aqui, é evitar o estabelecimento de relações falsas, que invalidam a argumentação.

Esse recurso pode ter uma função meramente expositiva, mas pode também ser usado quando a intenção é persuadir o leitor, levando-o a reagir positivamente à argumentação feita.

Observe como o professor Massimo Di Felice, pesquisador das implicações das tecnologias e das redes nas relações humanas na atualidade, utilizou tal recurso numa entrevista, associando o advento da internet a um novo conceito de democracia:

> O que significou a democracia até a TV não é mais a democracia da internet. A grande conquista do Ocidente foi a democracia com eleição de representantes e de projetos políticos para a gestão pública. Hoje, isso não basta mais, pois temos dispositivos que nos permitem ver em tempo real e opinar sobre qualquer assunto. O político hoje é muito mais o que ele deveria ser, que é um funcionário pago pela sociedade para administrar o bem-estar da sociedade. Antes, o cidadão participava a cada quatro anos, e hoje é possível acompanhar o que acontece diariamente, em tempo real.
>
> (Massimo Di Felice, *revista e*.)

O desenvolvimento do texto pode começar pela causa ou pelo efeito, dependendo da ênfase que se quer dar.

Em ensaios e artigos, às vezes é necessário definir alguns conceitos. Essa *definição* deixa claros os limites dentro dos quais uma ideia central está sendo explorada. Um bom exemplo é a forma como a antropóloga Mary Catherine Bateson usou a definição dos termos "natural" e "orgânico" em defesa da tese de que eles são empregados de maneira inadequada:

> Se "natural" significa "não afetado por atos humanos", não será encontrado nas lojas de "comida natural". A maioria dos produtos alimentares foi produzida por cruzamentos seletivos ao longo dos séculos, transformando plantas selvagens em variedades dependentes de cuidado dos seres humanos e com uma variabilidade profundamente alterada.

> A maioria é também processada e transportada por formas culturalmente inventadas; afinal de contas, tofu não cresce nas árvores. Fazendeiros "orgânicos" precisam trabalhar com afinco e destreza; a natureza não faz o serviço para eles. No entanto, o esforço para produzir alimentos sem fertilizantes químicos e inseticidas que deixam resíduos tóxicos é uma importante área de criatividade e persuasão. Seria bom encontrar um modo de falar sobre isso sem usar palavras absurdas e contraditórias como "natural" e "orgânico" (o que um legume seria se não orgânico?).
>
> (Mary Catherine Bateson, "Sobre a naturalidade das coisas", p. 26.)

É importante ter em mente que uma definição não pode ser circular, ou seja, conter o termo definido, pois perderia seu caráter explicativo. De nada adianta dizer que *líder* é aquele que *lidera*, ou que *integridade* é a qualidade do que é íntegro. Seria preciso que o leitor já soubesse o que é "liderar" ou o que é "íntegro". E, nesse caso, não seria necessário definir os termos.

Também, nas definições, é preciso estar atento ao paralelismo, ou seja, à simetria na construção das frases: substantivo seguido por substantivo, verbo por verbo, e assim por diante.

Em vez de:

Súcia é formar um grupo de indivíduos de má índole.

↘ ↘

substantivo verbo

escreva:

Súcia é um grupo de indivíduos de má índole.

↘ ↘

substantivo substantivo

Veja mais um exemplo de definição bem utilizada num artigo do filósofo Leandro Karnal:

> Gostaria de resgatar um sentido menos usual da palavra etiqueta: pequena ética. Etiqueta não seria o duvidoso valor de saber qual talher ou copo seriam adequados. A verdadeira etiqueta trata da convivência em grupo. A "pequena ética" seria uma consciência de que, mais do que atributo da antiga nobreza, a cortesia e a gentileza são fundamentais para a existência em sociedade.
>
> Por favor, com licença, desculpe-me e obrigado são quatro fórmulas mágicas que devem ser multiplicadas. Todas implicam reconhecer que há algo ou alguém além de mim. Saber segurar a faca corretamente na mão direita e, ao mesmo tempo, maltratar o garçom, é prova de que só se captou a parte imbecil da etiqueta.
>
> (Leandro Karnal, *O Estado de S. Paulo*.)

Estruturas paralelas, construção simétrica ("não seria o duvidoso"/"seria a consciência")... Tudo bem explicado, sem dar margem a dúvidas e muito bem escrito.

Faça do parágrafo uma unidade de composição

Na definição do *Dicionário Houaiss da língua portuguesa*, o parágrafo é uma "divisão de um texto escrito, indicada pela mudança de linha, cuja função é mostrar que as frases aí contidas mantêm maior relação entre si do que com o restante do texto".

Imagine como seria ler um capítulo inteiro de um livro que não tivesse separação entre sentenças nem divisão em parágrafos. Confuso, não? A organização das palavras em frases e destas em parágrafos "descomplica" o texto, pois é ela que explicita para o leitor a lógica do pensamento de quem o escreveu.

Em literatura, há muitos exemplos de ausência de paragrafação e mesmo do ponto-final para dar maior verossimilhança a um fluxo de pensamento. O grande mestre no uso desse recurso foi James Joyce: o monólogo interior da personagem Molly ocupa dezenas de páginas do romance *Ulisses* sem nenhuma paragrafação. Mas isso já é outra história...

Se o assunto sobre o qual se vai escrever é breve, ou se se pretende tratá-lo de maneira ligeira, não é necessário dividi-lo em tópicos. Uma descrição curta, uma sinopse de livro ou filme, um relato de um incidente, uma narrativa sem detalhes são exemplos de textos que devem ser escritos num único parágrafo. Depois de tê-lo escrito, contudo, pode-se examiná-lo, para ver se ficaria melhor se fosse dividido em mais parágrafos.

De modo geral, se um assunto requer divisão em tópicos, cada tópico deve ser tratado em um parágrafo diferente. O objetivo é ajudar o leitor. O começo de cada parágrafo é sinal de que foi atingido um novo passo no desenvolvimento da argumentação.

Parágrafos, em geral, não devem ser constituídos por uma única sentença. Exceto talvez no caso de sentenças que funcionam como transição, indicando relação entre partes de uma exposição ou argumento.

Começar cada parágrafo com uma frase que sugira o tópico ou com uma sentença que ajude a transição é uma regra útil. Se um parágrafo é parte de uma composição maior, sua relação com o que o precede, ou sua função como parte do todo, pode precisar ser explicitada. Há situações em que basta uma palavra ou expressão já na primeira sentença ("ainda", "de novo", "pela mesma razão", entre outras). Algumas vezes, entretanto, é preferível iniciar o tópico devagar, por meio de uma sentença ou duas de introdução ou transição.

Parágrafos muito longos assustam o leitor, são visualmente pesados. Quebrá-los pode ser uma boa ideia. No entanto, uma sucessão de parágrafos muito curtos pode atrapalhar o entendimento. Parcimônia e senso de organização devem ser os critérios mais importantes da paragrafação.

O trecho reproduzido a seguir é uma amostra bastante representativa de um texto bem paragrafado. Observe:

> Afinal de contas, o que aconteceu antes do big bang?
>
> Poucas crianças deixaram de humilhar seus pais com esse tipo de pergunta. Em geral ela começa com a per-

plexidade sobre a possibilidade de o espaço "continuar para sempre", ou de onde vêm os humanos, ou como se formou o planeta Terra. No fim, a linha de questionamento sempre parece chegar à origem fundamental das coisas: o big bang. "Mas por que ele aconteceu?"

As crianças crescem com uma noção intuitiva de causa e efeito. Os eventos no mundo físico não devem "simplesmente ocorrer". Algo faz com que eles aconteçam. Mesmo quando o coelho surge da cartola, suspeita-se de algum truque. Então poderia o universo inteiro simplesmente "pipocar", ganhando existência num passe de mágica, sem nenhuma razão específica?

Essa pergunta simples, feita por tantas crianças, tem ocupado o intelecto de gerações de filósofos, cientistas e teólogos. Muitos a evitaram, considerando-a um mistério impenetrável. Outros tentaram afastá-la usando certas definições. A maioria deles, só de pensar no assunto, acabou ficando terrivelmente confusa.

O problema, no fundo, é o seguinte: se nada acontece sem uma causa, então alguma coisa deve ter levado o universo a surgir. E assim enfrentamos a inevitável pergunta sobre o que causou essa alguma coisa. E assim por diante, numa regressão infinita. Algumas pessoas simplesmente decretaram que Deus criou o universo, mas as crianças sempre querem saber quem criou Deus, e então essa linha de questionamento vai se tornando incômoda e complicada.

(Paul Davies, "O que aconteceu antes do big bang?", p. 43.)

Note que os parágrafos são curtos, formados por poucas frases simples e diretas — com exceção do primeiro, constituído de uma única frase. Essa frase serve de gancho para o desenvolvimento da tese que vai ser defendida pelo autor, o que é feito nos parágrafos seguintes, cada um contendo uma ideia completa, que vai sendo mais bem explicitada à medida que a argumentação avança.

Os parágrafos podem ser organizados de diversas maneiras. Do modo de fazê-lo resulta um texto mais solto ou mais estruturado. Há os que começam com uma sentença mais genérica — o tópico frasal, para usar a terminologia do filólogo Othon Garcia — seguida por frases que explicam ou delimitam o que foi afirmado e uma ou mais sentenças de explanação ou desenvolvimento. Alguns terminam com uma frase conclusiva. Outros só apresentam o tópico frasal no final. Outros, ainda, não têm tópico frasal.

Cada parágrafo deve ser construído tendo em vista o propósito a que se destina. Os parágrafos mais estruturados, comuns em textos produzidos em função da atividade profissional, por exemplo, tendem a ser curtos, constituídos de três ou quatro frases, e a seguir o padrão: tópico, desenvolvimento, conclusão. Como neste exemplo:

> É fundamental evitar que equívocos de informação se repitam. Dizer ao cliente que o produto está em falta, quando há unidades em estoque, ou dizer que não há prazo para o atendimento, quando esse prazo já está definido nos procedimentos, é inadmissível.

Outro padrão de estrutura, comum na escrita persuasiva, é seguir a lógica dos silogismos: premissa maior, premissa menor, conclusão. Assim:

> Informações equivocadas levam à perda de clientes. Nossa empresa perdeu dois na semana passada por conta disso. Portanto, de hoje em diante, o único setor autorizado a dar informações é o de atendimento ao cliente.

Qualquer que seja a forma escolhida, um bom parágrafo tem três atributos: unidade, coerência e consistência. A *unidade* supõe conexão de ideias subordinadas à ideia principal, de forma que o parágrafo tenha um único propósito; a *coerência* resulta da ligação lógica entre as frases; a *consistência* tem a ver com o suporte dado à ideia principal, que se obtém a partir de exemplos suficientes e detalhamento adequado.

Um texto é constituído por uma sequência de parágrafos que se relacionam uns com os outros. É o encadeamento de um parágrafo com seu antecessor que dá coesão ao texto. Observe:

> Às vezes, os amantes são afastados por uma força maior: o deslocamento obrigatório de um deles e a impossibilidade de o outro acompanhá-lo — mudanças inevitáveis, uma doença, a morte...
>
> Ou, então, a separação acontece pela renúncia de um dos dois, que entende seu gesto como heroico — como quando alguém sacrifica seu amor para cuidar da velha mãe ou das crianças pequenas.

> Outras vezes, um dos amantes ou os dois se apaixonam por terceiros e, em vez de terminar sua história comum, eles não deixam de se amar (sim, é possível amar duas pessoas ao mesmo tempo).
>
> Outras vezes, ainda, um dos amantes desiste por comodismo e conforto, e os dois passam a vida lamentando essa escolha.
>
> Enfim, amores inacabados fazem parte da história de todos ou quase. E essas paixões interrompidas se tornam o símbolo das vidas nas quais, quem sabe, teríamos sido outros do que somos.
>
> (Contardo Calligaris, *Folha de S.Paulo*.)

Construa seu texto passo a passo. Escreva em sentenças e pense em parágrafos. Assim fica mais fácil expor o que você precisa ou quer dizer.

Seja breve na introdução

O início de um texto — assim como o fim — chama mais a atenção do leitor do que o desenvolvimento. Começar um texto é uma tarefa difícil. As ideias demoram a engrenar e tomar a forma desejada. Assim, é comum que, no momento da criação do texto, escreva-se muita coisa que pode (e deve) ser desbastada, tarefa a ser feita no momento da revisão e da reescrita, assunto que será tratado no capítulo 7.

Há vários exemplos de expressões usualmente presentes em uma introdução que poderiam perfeitamente ser eliminadas:

- Antes de mais nada
- Primeiro ponto a ser debatido
- O que eu quero dizer em seguida
- Na minha opinião
- Para dizer a verdade
- É desnecessário dizer
- De fato

Veja estas frases:

> A primeira questão a ser respondida é por que o big bang aconteceu.
>
> Antes de mais nada, é preciso lembrar que os eventos do mundo físico não devem "simplesmente ocorrer".

Elas poderiam, sem perda de significado, ficar simplesmente assim:

> Por que o big bang aconteceu?
>
> É preciso lembrar que os eventos do mundo físico não devem "simplesmente ocorrer".

Compare:

Em seu famoso livro *A riqueza das nações*, Adam Smith mostrou como a expansão no tamanho das fábricas resultava em crescimentos proporcionais na produção.

Com:

Em *A riqueza das nações*, Adam Smith mostrou como a expansão no tamanho das fábricas resultava em crescimentos proporcionais na produção.

Houve alguma perda de informação? Não. E houve ganho de qualidade em relação ao estilo: mais direto, mais enxuto, mais elegante.

É importante reiterar que essa recomendação não é uma camisa de força. Há casos em que tais expressões são carregadas de significado, são recursos estilísticos e podem contribuir para a clareza e a força do texto. Como neste exemplo, que mostra o título e a linha fina de uma matéria jornalística:

Quando seremos capazes de reconhecer, *de fato*, as populações indígenas?

A demarcação de terras é só o começo da discussão sobre a qualidade de vida nas terras indígenas. São necessárias políticas públicas e um Estado plurinacional.

(Spency Pimentel, *Carta Educação*.)

3

Caminhos a seguir

Não existe uma receita para escrever bem. No entanto, a leitura de textos dos mais variados tipos desvenda possibilidades expressivas que podem ajudar na produção de escritos mais diretos, mais vivos, mais cativantes.

O que se pode afirmar sem medo de erro é que uma boa escrita é uma escrita "limpa". Isso significa desbastar as frases de palavras que não têm função, de advérbios que contêm o mesmo significado do verbo, de construções passivas que deixam o leitor em dúvida sobre quem está fazendo o quê. (Sempre lembrando que não estamos tratando aqui de textos literários.)

Neste capítulo, vamos esmiuçar algumas dessas possibilidades na forma de conselhos práticos, que, repetimos, não devem ser entendidos como procedimentos rígidos. Não obedecê-los de forma alguma se configura erro, mas conhecê-los pode facilitar — e muito — a vida de quem ainda não tem autonomia para contrariá-los com segurança.

Os verbos têm vozes: escolha-as com cuidado

Voz é a forma assumida pelo verbo para indicar a relação entre ele e seu sujeito. Veja:

→ O jaburu simboliza a nossa terra.
(Capistrano de Abreu)

→ Nossa terra é simbolizada pelo jaburu.

→ O jaburu machucou-se.

Nessas frases, os verbos foram empregados na voz ativa, passiva e reflexiva, respectivamente.

A voz ativa, exemplificada na primeira frase, é aquela em que o sujeito ("o jaburu") exerce a ação expressa pelo verbo ("simboliza"). Na voz passiva, caso da segunda frase, o sujeito ("nossa terra") é quem sofre a ação do verbo ("é simbolizada"). Na voz reflexiva, o terceiro exemplo, o sujeito ("o jaburu") é agente e paciente do verbo ("machucou-se").

Por ser mais direta, mais curta, mais vigorosa, a voz ativa é preferível às demais.

Observe como ficaria um mesmo texto escrito em duas versões.

Em voz ativa:

> A cidade de Armero sumiu do mapa.
>
> O vulcão vizinho matou a cidade. Ninguém conseguiu correr mais rápido que a avalancha de lodo fervente: uma onda grande como o céu e quente como o inferno atropelou a cidade, jorrando vapor e rugindo fúrias de animal ruim, e engoliu trinta mil pessoas e todo o resto.
>
> (Eduardo Galeano, *O livro dos abraços*, p. 130.)

Agora em voz passiva:

> A cidade de Armero foi apagada do mapa.
>
> A cidade foi morta pelo vulcão vizinho. Ninguém conseguiu correr mais rápido que a avalancha de lodo fervente: a cidade foi atropelada por uma onda grande como o céu e quente como o inferno, que jorrou vapor e rugiu fúrias de animal ruim; foram engolidas trinta mil pessoas e todo o resto.

Nesse caso, era importante enfatizar o vulcão como o agente da destruição da cidade. Assim, a voz ativa se mostrou bem mais forte e adequada para dar vida ao relato da tragédia (tanto que a versão em voz passiva não foi a utilizada pelo autor; trata-se de adaptação nossa, para fins de demonstração). O que não quer dizer que, em outras situações, essa seja a melhor escolha. O que vai definir o uso de uma ou de outra é o que se pretende enfatizar.

Veja o trecho de uma notícia a respeito de bares que transgrediram a lei do silêncio, em São Paulo:

> Em duas ruas ao lado [de uma universidade da zona leste], há 19 bares focados em estudantes. Muitos deles foram multados no semestre passado em operações da prefeitura e da Polícia Militar. Foram punidos por excederem o barulho permitido para a área.
>
> (Leandro Machado, *Folha de S.Paulo*.)

Nesse exemplo, quem sofre a punição, ou seja, o paciente da ação (os bares) é mais importante do que o agente (as instituições que aplicaram a punição). Caso típico em que o emprego da passiva é mais adequado do que o da ativa. Em situações assim, ou naquelas em que não há necessidade de mencionar quem praticou a ação, não hesite: empregue a voz passiva.

Fique atento às palavras desnecessárias

A concisão é uma das qualidades dos bons textos. Inchar frases com palavras que não agregam sentido, parágrafos com frases inúteis e textos com trechos desnecessários só serve para desviar a atenção do leitor. A seguir, damos alguns exemplos de expressões de uso comum que contrariam o princípio da concisão.

Não use	**Substitua por**
Apesar do fato de que	Embora
A questão é se	Se
A razão pela qual é	Porque
Chamo a sua atenção para o fato de que	Lembro que
Ele é um homem que	Ele
Este é um assunto que	Este assunto
Não há dúvida que	Sem dúvida
O fato de que ele não tenha tido sucesso	O fracasso dele

Veja como a falta de concisão pode tornar um texto confuso. Partindo de uma situação inusitada — um motorista desempregado que estendeu uma faixa na BR-101 com um pedido de emprego — e que foi alvo de uma reportagem, um site sobre questões profissionais elaborou uma pergunta sobre a razão que explicaria o insucesso dessa tentativa:

> A razão pela qual a iniciativa descrita na reportagem não foi tão bem-sucedida é porque:
>
> a. Apesar de ajudar, não é necessariamente a visibilidade que garante uma vaga no mercado de trabalho.
>
> b. Caso a faixa fosse maior e mais bonita, sem dúvida nenhuma a pessoa já teria recebido centenas de ofertas de emprego.
>
> c. Para conseguir um emprego, criatividade é tudo. Se a pessoa tivesse acrescentado algum tipo de apresentação enquanto mostrava a faixa teria seguramente aumentado suas chances de ser empregado.
>
> d. Segundo a reportagem, uma faixa é, sem dúvida alguma, uma forma mais eficiente de conseguir emprego se comparada à distribuição de currículos.
>
> e. É importante atingir o maior número de pessoas em menor tempo para conseguir um emprego. O problema, conforme a reportagem, é que poucas pessoas viram a faixa.
>
> (Site Brainly)

Para desbastar o texto, tornando-o mais enxuto, uma possível reescrita seria:

> A iniciativa do motorista não foi bem-sucedida. Razões possíveis:
>
> a. Visibilidade é importante, mas não garante uma vaga no mercado de trabalho.
> b. Se a faixa fosse mais vistosa, o motorista poderia ter recebido alguma oferta de emprego.
> c. Criatividade ajuda: se ele tivesse feito alguma apresentação enquanto mostrava a faixa, poderia ter aumentado suas chances de sucesso.
> d. Para conseguir emprego, estender uma faixa é mais eficiente do que distribuir currículos.

Observe: houve eliminação de palavras e expressões inúteis e repetidas ("necessariamente", "seguramente", "sem dúvida alguma", "sem dúvida nenhuma", "para conseguir emprego", "apesar de ajudar") e de afirmação inconsistente ("criatividade é tudo"). O último parágrafo foi retirado por não acrescentar informação relevante. O exemplo reescrito, ainda longe de ser um bom texto, é melhor que o original, principalmente em termos de concisão.

Entretanto, toda regra tem exceção. Palavras como artigos, adjetivos e advérbios, por exemplo, que em alguns textos são consideradas dispensáveis, em outros têm um papel importante: contribuem para melhorar o ritmo da frase ou tornar a compreensão mais fácil e mais completa. Vejamos:

> Os portugueses não tiveram alternativa. Por mais que tentassem controlar todas as etapas, a história final do comércio açucareiro escaparia de suas mãos, ou mesmo das mãos dos proprietários de terra responsáveis pela produção. Os grandes centros importadores estavam em Amsterdam, Londres, Hamburgo, Gênova, sendo deles o maior poder na fixação dos preços. A economia da cana assumiria, cada vez mais, um perfil internacional e à sua maneira globalizado.
>
> (Lilia M. Schwarcz e Heloisa M. Starling, *Brasil: uma biografia*, p. 56.)

Seguindo a regra de omitir palavras desnecessárias, esse texto poderia ser reescrito assim:

> Os portugueses não tiveram alternativa. Por mais que tentassem controlar todas as etapas, a história do comércio açucareiro escaparia de suas mãos, ou das mãos dos proprietários de terra. Os centros importadores estavam em Amsterdam, Londres, Hamburgo, Gênova, sendo deles o poder na fixação dos preços. A economia da cana assumiria um perfil internacional e globalizado.

No entanto, além de as frases ficarem sem ritmo e o texto mais sem graça, o leitor não teria a dimensão completa dos fatos relatados: a retirada da palavra "final" acaba por omitir a informação de que se está falando aqui de como o processo terminou, subentendendo-se que houve histórias anteriores; a falta da explicação "que eram responsáveis pela produção" descarta um dado importante, pois eles não só detinham a propriedade da terra, como também se encarregavam do que nela era produzido; citar apenas os nomes dos centros importadores, sem ressaltar que eram os "grandes", pode levar ao falso entendimento de que só havia esses centros; a retirada da palavra "maior" antes de "poder" induz a pensar que só esses centros podiam fixar os preços; por fim, a eliminação das expressões adverbiais "cada vez mais" e "à sua maneira" deixa de lado as circunstâncias em que os fatos ocorreram: progressivamente e de um modo particular.

Expresse ideias coordenadas de maneira similar

A semelhança de forma ajuda o leitor a reconhecer mais facilmente a semelhança de conteúdo e função.

Um artigo, ou uma preposição, que se aplica a todos os elementos de uma série deve ser usado apenas antes do primeiro termo ou repetido antes de cada um.

> Progressivamente, o corpo diplomático brasileiro vem refletindo, em sua composição, a heterogeneidade de raças, credos e origem, que são intrínsecos à identidade nacional.
> (Texto de aluno)

Observe que a preposição "de" poderia ter sido repetida antes das palavras "credos" e "origem" ("de raças, de credos e de origem"). É uma escolha do autor. No caso, em respeito à regra de ser econômico na escrita, evitando palavras desnecessárias, ele omitiu a preposição.

Mas veja o que acontece nestes exemplos:

> Difícil descobrir nele um truque, uma sofisticação, uma pose, uma nota falsa. É direto, ágil e determinado como uma verruma.
>
> (Hélio Pólvora, na contracapa do livro *O rei da terra*, de Dalton Trevisan.)

> Por que não me perguntas a respeito da criação da Imprensa Régia, da fundação do Banco do Brasil, do Jardim Botânico, do Arsenal da Marinha, do Corpo de Bombeiros, do Teatro Real de São João, do Primeiro Campeonato Fluminense de Petecas... fiz muito pelo teu país, rapaz.
>
> (*Mario Prata entrevista uns brasileiros*, p. 132.)

No primeiro caso, o autor não tinha outra opção a não ser repetir o artigo indefinido (um/uma) antes de cada termo, pois ele se referiu tanto a uma palavra masculina ("truque") como a palavras femininas ("sofisticação", "pose", "nota"). Pelo mesmo motivo, também no segundo caso não havia como não repetir a preposição "da" antes das palavras femininas ("criação", "imprensa", "fundação") e a preposição "do" antes das masculinas ("jardim", "arsenal", "corpo", "teatro", "primeiro").

Algumas palavras exigem determinada preposição. Quando uma dessas palavras faz parte de uma construção composta, todas as preposições adequadas precisam ser incluídas.

Há casos complicados. Por exemplo, não podemos dizer que alguém "entrou e saiu de" um lugar. Você entra *em* e sai *de* um lugar. No entanto, a forma "entrou na casa e saiu dela", apesar de correta, não encontra respaldo no uso. Ninguém fala nem escreve assim. A solução é usar "entrou em casa e saiu", pois, se já está claro onde a pessoa entrou, não há necessidade de explicitar o lugar de onde ela saiu.

Algumas expressões só devem ser empregadas em conjunto. É o caso de "não só..., mas também"; "primeiro, segundo, terceiro"; "primeiramente, daí, em seguida"; "por um lado, por outro lado"; "quer..., quer"; "ou..., ou", como nos exemplos abaixo.

> Ressacas *não só* dão dor de cabeça, *mas também* emburrecem.
>
> (Cássio W. Barbosa, site Megacurioso.)

> Nele [no romance *Caetés*, de Graciliano Ramos], vemos aplicadas as melhores receitas da ficção realista tradicional, *quer* na estrutura literária, *quer* na concepção da vida.
>
> (Antonio Candido, *Ficção e confissão*, p. 18.)

> A despeito disso, temos desafios comuns. *Ou* bem seremos capazes de reinventar o rumo da política, *ou* novamente a insatisfação popular se manifestará nas ruas, sabe-se lá contra quem e a favor do quê.
>
> (Fernando Henrique Cardoso, *O Estado de S. Paulo*.)

> Uma vez desonerado da administração, o alienista procedeu a uma vasta classificação dos seus enfermos. Dividiu-os *primeiramente* em duas classes principais: os furiosos e os mansos; *daí* passou às subclasses, monomanias, delírios, alucinações diversas. *Isso feito*, começou um estudo acurado e contínuo; [...].
>
> (Machado de Assis, "O alienista", p. 113.)

Preste atenção às possíveis ambiguidades

A posição das palavras numa frase é a principal forma de expressar as relações entre elas. Palavras mal colocadas podem gerar confusão e ambiguidade, como ocorreu nesta manchete veiculada pelo canal de notícias Globonews, em setembro de 2016:

> EUA e Rússia fecham acordo de cessar-fogo em reunião em Genebra

Havia fogo na reunião, então se fez um acordo para cessá-lo? Por certo que não, mas é isso que pode ser entendido pela frase, da forma como ela foi construída. Uma simples mudança de posição das palavras não deixaria margem para nenhuma interpretação a não ser a correta. Assim:

Em reunião em Genebra, EUA e Rússia fecham acordo de cessar-fogo

Outro exemplo:

A ata não historiou a segunda reunião havida corretamente.

(Comentário escrito por condômino a respeito de uma assembleia de moradores)

A palavra "corretamente" está mal colocada, pois dá a impressão de que a reunião é que foi correta. Basta inverter a ordem:

A ata não historiou corretamente a segunda reunião havida.

Melhor ainda, retirar o termo "havida", totalmente desnecessário.

A ata não historiou corretamente a segunda reunião.

Mais um exemplo:

A ascensão da democracia no Brasil entre 1985 e 1990 foi benéfica, pois o desejo dos indivíduos por liberdades e direitos superou o interesse de perpetuação do estado militar ditatorial, iniciado em 1964, engendrando a prevalência dos direitos humanos.

(Texto de aluno)

É possível entender que quem engendrou a prevalência dos direitos humanos foi o estado militar, o que certamente não era o que o autor do texto queria dizer. Para corrigir o problema, basta deslocar as palavras para o lugar adequado:

> A ascensão da democracia no Brasil entre 1985 e 1990 foi benéfica, engendrando a prevalência dos direitos humanos, pois o desejo dos indivíduos por liberdades e direitos superou o interesse de perpetuação do estado militar ditatorial, iniciado em 1964.

Além do mau posicionamento das palavras, também o uso inadequado de preposições pode contribuir para alterar o sentido de uma afirmação. Veja esta frase:

> A clara referência intertextual à antropofagia e sua exótica associação com o imperialismo denotam completa incompreensão *do autor desses termos*.
>
> (Texto de candidato a um concurso público)

Na verdade, o que ele queria dizer é que:

> A clara referência intertextual à antropofagia e sua exótica associação com o imperialismo denotam completa incompreensão *desses termos pelo autor*.

A frase original dá margem a entender que o autor dos termos "antropofagia" e "imperialismo" é agente do ato de não compreender, quando a intenção era dizer que quem não compreendeu nada foi quem fez a referência e a associação indevidas. O uso da preposição "do", em vez de "pelo", tornou o texto ambíguo.

O emprego equivocado de pronomes é outra fonte de ambiguidade bastante comum. Observe:

> O deputado saudou o Presidente da República, em *seu* discurso, e solicitou *sua* intervenção no *seu* estado, mas isso não *o* surpreendeu.
>
> (*Manual de redação da Presidência da República*, p. 52.)

Nessa frase, são diversos os casos de ambiguidade, como bem mostra o manual de onde o exemplo foi retirado, ao esclarecer os problemas criados pelo uso indiscriminado dos pronomes: quem pronunciou o discurso? De quem foi a intervenção? O estado é o do deputado ou o do presidente? Quem foi surpreendido?

Uma possível reescrita dessa frase seria:

> Em seu discurso, o deputado saudou o presidente da República. No pronunciamento, solicitou a intervenção federal em seu estado, o que não surpreendeu o presidente.

Use partículas expletivas com parcimônia

Por serem desnecessárias, em geral, as partículas expletivas podem ser eliminadas sem nenhum prejuízo para o entendimento.

→ Viu *só* como eu tinha razão?
→ O que *que* a gente faz numa situação dessas?
→ Que loucura *que* foi aquela viagem!
→ No final, riram-*se* todos.
→ O menino foi-*se* embora sem que ninguém o detivesse.
→ Eu é *que* faço o café em casa todas as manhãs.

Note que, às vezes, elas são relevantes por enfatizar a ação do verbo principal; se essa for a intenção, seu uso é recomendado. Veja, por exemplo, como a ênfase muda, se retirarmos o "é que" da última frase:

Eu faço o café em casa todas as manhãs.

Se você quiser deixar muito bem explicitado quem se ocupa do café da manhã na sua casa, usar a locução expletiva é uma boa ideia.

Finalize as frases de maneira enfática

Tanto na prosa quanto na poesia, as palavras que vêm por último carregam mais peso. Na poesia, não é por acaso que as rimas geralmente ocorrem no final de cada verso. Na prosa, uma das funções do ponto-final é enfatizar a palavra que o precede. Naturalmente, o final das frases é mais forte. Tire partido disso para escrever com ênfase. Reserve essa posição para as palavras mais importantes.

Trabalhe bem o final das frases aparando sobras, reduzindo o número de palavras, eliminando explicações desnecessárias. Veja:

> Reestruturar a vida depois de uma perda não é algo fácil de se fazer.

Há diversas possibilidades de dizer a mesma coisa, dependendo de onde colocamos a ênfase:

→ Depois de uma perda, não é fácil reestruturar a vida.
→ Reestruturar a vida não é fácil.
→ Reestruturar a vida é difícil.
→ É difícil reestruturar a vida depois de uma perda.

Nas duas primeiras frases, o que se enfatizou foi o ato de reestruturar. Na terceira, destaca-se a dificuldade embutida nesse ato. Na última, a causa da necessidade de reestruturação — uma perda — é que ganhou maior importância na afirmação. Assim, simplesmente alterando a posição das palavras na frase, eliminando rebarbas ("algo", "de se fazer") ou trocando uma negativa ("não é fácil") por uma afirmativa que lhe é oposta ("é difícil"), foi possível expressar diferentes sensações.

Mas o final da frase não é a única posição indicada para obter ênfase. Conseguem-se afirmações fortes também ao deslocar para o início a parte que se quer destacar. Como neste caso:

→ Você me diz isso justo agora, quando eu já terminei o trabalho?
→ Justo agora, quando eu já terminei o trabalho, é que você me diz isso?

A segunda versão soa mais exasperada que a primeira, pelo simples deslocamento da expressão "justo agora" para o começo da frase.

Essa mudança de sentido resulta do conceito já expresso anteriormente: inícios e fins valem mais que meios. Assim, essas recomendações se aplicam não só a frases isoladas, mas também às frases que compõem um parágrafo e aos parágrafos que constituem um texto.

Dê preferência a frases com verbos de ação

Há escritores que abusam do emprego de substantivos. Entre um verbo e um substantivo que remete a um verbo usado anteriormente (procedimento denominado nominalização), escolhem sempre a segunda alternativa, na crença de que isso confere mais autoridade ao texto. Puro engano. Não há dúvida de que os substantivos têm um peso importante nas frases, mas podem assumir o "tipo errado" de peso se não forem utilizados na hora e no lugar adequados. Vejamos isso na prática. Qual seria a melhor escolha nos seguintes casos?

Eu preciso *fazer uma revisão* desse texto.	Eu preciso *revisar* esse texto.
Melhor *tomar uma decisão*, de modo a resolver de uma vez essa embrulhada.	Melhor *decidir* de uma vez como resolver essa embrulhada.
Vai ser preciso *fazer uma redução* no número de pessoas envolvidas no projeto.	Vai ser preciso *reduzir* o número de pessoas envolvidas no projeto.

Observe como o uso das expressões nominais "fazer uma revisão", "tomar uma decisão" e "fazer uma redução" conferiu um peso ruim à frase, que fica mais viva, mais enfática quando se usa o verbo de ação ("revisar", "decidir", "reduzir").

O problema das nominalizações é exigir um número

maior de palavras para dizer a mesma coisa que poderia ser dita com uma única, mais forte, carregada de significado.

Substitua pares de palavras redundantes por palavras isoladas

O uso de pares de palavras que têm o mesmo significado — e que, portanto, não agregam sentido ao que está sendo dito — é bastante comum em português, notadamente na linguagem falada. Na escrita, porém, essa repetição contribui para que o texto fique palavroso, sem que haja nenhum ganho em relação à clareza, como se pode observar neste comentário de um turista, postado num site de viagens:

> *Apenas e tão somente* o café da manhã deixa a desejar, não pelo próprio café ou serviço, mas em comparação com outros hotéis da mesma categoria.

Se ele tivesse escrito "Apenas o café da manhã...", o efeito seria exatamente o mesmo e o texto teria ficado mais enxuto, mais apropriado para um post, que requer leitura rápida.

Veja outros exemplos, também retirados da internet:

> O Termo de Consentimento Livre e Esclarecido é um documento *básico e fundamental* do protocolo e da pesquisa com ética.
>
> (Faculdade Santo Agostinho, Termo de Consentimento Livre e Esclarecido.)

A presença da mulher nas olimpíadas não foi um espaço fácil de ser conquistado. Desde a Grécia Antiga, eram *poucas e raras* as aparições das mulheres nas competições, ou nos ambientes da prática de atividades físicas, o que perdurou até o início do século XX.

(Vicky Régia, *Capitolina*.)

Nos dois casos, foram usadas expressões formadas por palavras que carregam o mesmo significado. Usar o par ("básico e fundamental", "poucas e raras") não acrescentou mais informação ao texto.

Pares bastante comuns que podem ser evitados na escrita

- apenas e tão somente
- básico e fundamental
- calma e pacífica
- diversos e variados
- findo e acabado
- poucas e raras
- primeiro e antes de tudo
- toda e qualquer
- um e apenas um
- verdadeiro e acurado

No entanto, se bem usada, essa repetição pode ser um recurso para indicar ênfase. Como nestes exemplos:

Coincidências, *apenas e tão somente* coincidências? Muito cômodo, não acha?

Vamos com calma, pessoal! Em casos como este, *toda e qualquer* mudança precisa ser analisada com o máximo cuidado.

Vale lembrar que esse é um recurso bastante usado em linguagem jurídica, em muitos casos como reforço para circunscrever uma dada situação, de forma a não dar margem a outra aplicação a não ser a desejada.

CLÁUSULA SÉTIMA: O LOCATÁRIO declara, que o imóvel ora locado, destina-se única e exclusivamente para o seu uso residencial e de sua família.

(Lex Magister, Contrato de locação de imóvel.)

CLÁUSULA QUINTA — DA OBRIGAÇÃO DA CONTRATADA:
A contratada obriga-se a:

a. Prestar os serviços contratados na forma e modo ajustados, dentro das normas e especificações técnicas aplicáveis à espécie, dando plena e total garantia dos mesmos;

(Prefeitura Municipal do Rio Grande, contrato de prestação de serviços.)

Sustentou, ainda, contrariedade ao artigo 6º do Decreto-Lei 4.657/1942 e 2.035 do Código Civil de 2002, já "que a convenção condominial anterior ao Código Civil de 2002 é ato jurídico perfeito, findo e acabado, protegido tanto em nível constitucional como infraconstitucional".

(Decisão do Tribunal de Justiça acerca de problemas com atrasos condominiais, DireitoNet.)

Com finalidade semelhante — a de restringir a aplicação apenas àquilo que está sendo afirmado —, também ocorre adequadamente em linguagem de caráter científico, como no caso abaixo, retirado de um livro de problemas matemáticos disponível na internet:

> No sistema de coordenadas, cada número corresponde a *um, e apenas um*, ponto; e cada ponto corresponde a *um, e apenas um*, número.

Prefira expressões simples ou palavras únicas

Muitas expressões usadas no dia a dia podem ser evitadas na escrita. De novo, a dificuldade em seguir essa recomendação esbarra no uso, que as torna familiares ao ouvido e difíceis de serem identificadas. Quando uma palavra ou uma frase não agrega significado, talvez seja melhor eliminá-la.

Em vez de	escreva
a despeito do fato de que	embora
a questão é se	se
ambas as duas	ambas
com a possível exceção de	exceto

Em vez de	escreva
com base no fato de que	baseado em
com o propósito de	para
com respeito a	sobre
devido ao fato de que	devido a
durante o tempo que	durante
é da opinião que	pensa que
é indicativo de	indica
em bases regulares	regularmente
em data próxima	logo
em sua maior parte	na maioria
em termos de	sobre
em vista do fato de que	em vista
fazer uma conexão com	conectar
levar em consideração	considerar
na região de	perto
nas imediações de	perto
nas redondezas de	perto

Em vez de	escreva
pelo fato de que	porque
tem a capacidade de	pode

Use o nível de linguagem adequado ao contexto

No dizer do gramático Evanildo Bechara, "o falante deve ser poliglota em sua própria língua". Isso significa ser capaz de ajustar sua linguagem — falada ou escrita — ao contexto em que ela está sendo produzida.

Para cada situação comunicativa há um nível de linguagem adequado, que vai do mais informal ao mais formal. Por se tratar de um material que tem por objetivo informar o leitor a respeito da escrita, neste livro a linguagem utilizada tende para a formal, seguindo as regras da gramática normativa. Porém, no dia a dia, escrevemos textos bem mais informais, mais livres e nem por isso menos adequados.

Talvez o melhor exemplo de informalidade seja o nível de linguagem utilizado na internet, notadamente nas redes sociais. Fala-se, inclusive, em "internetês", em "linguagem virtual", em que os símbolos e as abreviaturas ganharam um espaço muito significativo. Isso tem a ver com a necessidade de uma troca de informação ágil e descontraída.

Nesse meio, as mensagens são mais curtas, muitas vezes ilustradas com emoticons e outros ícones, que simulam emoções e sentimentos que as pessoas querem comunicar sem necessidade de palavras. Existem até "dicionários de internetês" disponíveis na rede.

No caso dessas trocas entre amigos ou conhecidos, o inadequado seria o uso da linguagem formal. O que se impõe é a importância de saber distinguir entre os contextos em que essa linguagem pode e mesmo deve ser utilizada e aqueles em que ela se mostra totalmente imprópria.

Procedimentos a evitar

4

Do mesmo modo que não há regras infalíveis para o que se deve usar na produção de um texto, também não há nada que se possa proibir de maneira peremptória, pois cada situação tem suas próprias exigências e particularidades. O que vamos oferecer aqui são dicas que podem contribuir para ajudar você a criar textos mais assertivos, mais fortes, mais cativantes.

Não use negativas indiretas

Não ser igual a alguma coisa é *ser diferente* dela. *Não ser simpático* significa, de fato, *ser antipático*. Afirmar que algo *não é fácil* é escamotear a verdade, pois se trata de algo *difícil*.

Para obter uma escrita enfática, vigorosa, um bom caminho é só utilizar a palavra "não" quando se quer de fato negar alguma coisa ("não gosto disso", "não vou fazer aquilo") ou criar uma antítese ("gosto disso, não daquilo", "faço isto, mas não aquilo"). Observe este trecho:

> É difícil dizer se se deve citar com profusão ou com parcimônia. Depende do tipo de tese. Uma análise crítica de um escritor requer, obviamente, que se transcrevam e analisem longos trechos de sua obra. Outras vezes, a citação pode ser uma manifestação de preguiça: o candidato não quer ou não é capaz de resumir uma determinada série de dados e deixa a tarefa aos cuidados de outrem.
>
> (Umberto Eco, *Como se faz uma tese*, p. 123.)

Note a carga de assertividade que o autor obteve ao dizer exatamente o que queria, sem matizar nada. Ele não escreveu "Não é fácil dizer se...", ele foi direto ao ponto: é difícil. Também não teve medo dos "nãos" ("não quer" ou "não é capaz"). E o que ele está afirmando ganha força, vigor, verdade.

Porém, mais uma vez é preciso lembrar que tudo depende da intenção de quem está escrevendo. Na escrita, nada é proibido. Se você quer matizar uma crítica, fazer uma observação negativa de maneira mais branda, mais indireta, use o "não" como modalizador: "não compreensível", em vez de "incompreensível"; "não aceitável", em vez de "inaceitável" etc. Às vezes, essa é a melhor saída.

Evite "terceirizações" anônimas

Não atribua suas afirmações a fontes anônimas. Dê sua opinião de maneira direta e eficiente. Evite usar expressões como "foi observado", "conclui-se", "diz-se que", "pensa-se que". Há sempre alguém que, em algum momento ou lugar, "observou", "concluiu", "disse" ou "pensou" o que está sendo afirmado. Se esse alguém é você, assuma a afirmação e faça-a diretamente, em vez de torná-la anônima.

→ Concluiu-se que tudo não passava de uma grande farsa.

versus

→ Tudo não passava de uma grande farsa.

Se não é você, revele o autor, dando-lhe o devido crédito.

Segundo a polícia, tudo não passava de uma grande farsa.

Outro exemplo:

Para o jornalista Sérgio Cabral, especialista na história do samba carioca, "para entender de samba é preciso conhecer certos autores, e Noel Rosa certamente é um deles". Para Cabral, Noel possuía "a linguagem do samba e seu sotaque. Fez muito samba choro, mas também samba de carnaval", citando como exemplo "Palpite infeliz", no qual defende o samba feito na sua Vila Isabel.

(Murilo Roncolato, Ariel Tonglet e Guilherme Prado, *Nexo*.)

Não abuse dos comentários pessoais

O que você pensa importa muito para você e é ótimo que você tenha opiniões próprias e saiba como expressá-las. Mas não se pode esquecer que os outros também têm. Ninguém gosta de ter o pensamento dirigido a cada passo. Comentários pessoais são bem-vindos, desde que bem dosados. É mais interessante dizer o que se pensa sem precisar colocar o "eu" em foco.

Em vez de dizer	diga
Eu duvido que um aumento de dez pontos seja uma indicação segura de que a situação mudou.	Um aumento de dez pontos pode não ser uma indicação segura de que a situação mudou.
Eu acho que você seria mais produtivo se não faltasse tanto.	Você seria mais produtivo se não faltasse tanto.

Descarte categorias redundantes

Parece simples, mas é de fato um desafio, pois a familiaridade, ou seja, o fato de as ouvirmos com frequência, faz com que certas expressões redundantes passem despercebidas como tais. A combinação de palavras é tão recorrente que não nos damos conta de se tratar de redundância, como em "resultado final" (resultado só ocorre no fim do processo), "nova iniciativa" (se não for nova não é iniciativa), "repetir duas vezes"...

Exemplos de expressões com modificadores que não acrescentam nada

- cada um individualmente
- completamente acabado
- crença pessoal
- crise repentina
- descer para baixo
- elo de ligação
- encarar de frente
- há exatos x anos
- importante e essencial
- inútil e desnecessário
- fato verdadeiro
- fundamentos básicos

- história passada
- memórias passadas
- minha opinião pessoal
- mínimos detalhes
- plano futuro
- prioridade fundamental
- repetir duas vezes
- resultado final
- subir para cima
- tragédia terrível

Quando uma categoria já está implícita em uma palavra, não há por que utilizar ambas.

Exemplos de redundâncias

- de caráter honesto
- de forma redonda
- de natureza incomum
- de qualidade barata
- de um tipo estranho
- em um estado confuso
- estranho na aparência
- na área de matemática
- num tempo anterior
- período de tempo

Fuja de termos esnobes ou empolados

É falso o entendimento de que para escrever bem é preciso utilizar palavras "difíceis". É a velha história de turvar as águas do lago para que ele pareça mais fundo. A simplicidade e a clareza são valores a perseguir na escrita, e esses valores são opostos à pompa e circunstância.

Textos oficiais, geralmente, padecem desse mal. O assunto até foi objeto de uma crônica, da qual apresentamos estes excertos:

É mais do que tempo de tornar inteligível e fluida a redação na administração pública. De falar português claro. Sim, porque causa espanto e náusea o blá-blá-blá rococó e gongórico que escorre, espesso e obscuro, pelas mal traçadas linhas da maioria dos processos escritos nestes brasis.

[...]

Coisas como destarte, inobstante, máxime, outrossim, e assim por diante. Outrossim! Você já ouviu alguém pronunciar essa palavra? Uma vezinha só na vida? Pois bem, meu amigo, e no entanto as cartas e os ofícios estão cheios dela, dela que não altera ou acrescenta coisíssima alguma.

[...]

A redação oficial não deve cultivar pretensões literárias. Estas são terreno dos literatos, que diabo. Há sujeitos, porém, que se dão ao desplante de escrever com o dicionário do lado só para escolher as palavras mais difíceis. Conheço um que adora trocar o tão comum verbo ligar pela raridade que é o verbo jungir, só para provocar efeito na quadrada cabeça do seu chefe.

(Mário Cotrim, *Correio Braziliense*.)

Essa recomendação não vale só para textos da administração pública. Ter isso em mente ao escrever é conselho de amigo. Menos é mais...

Vale aqui uma observação sobre o uso do jargão: "Código linguístico próprio de um grupo sociocultural ou profissional com vocabulário especial, difícil de compreender ou incompreensível para os não iniciados", conforme definição do *Dicionário Houaiss da língua portuguesa.*

Muitos profissionais, como advogados, médicos, filósofos, linguistas, entre outros, valem-se com frequência do emprego do jargão da sua área de conhecimento, o que não é um problema quando o texto é dirigido a seus pares, mas que não é aconselhável quando o público-alvo é leigo. Citando Steven Pinker,

> o problema é que, à medida que dominamos nosso hobby ou trabalho, passamos a usar essas palavras-chave com tanta frequência que elas escapam de nossos dedos automaticamente, e esquecemos que os leitores podem não ser membros do clube em que as aprendemos.
>
> (*Guia de escrita*, p. 86.)

Considere eliminar advérbios e adjetivos

Usar palavras ou expressões como "talvez", "às vezes", "sempre", "frequentemente", "geralmente", "muito", que tornam as asserções mais ou menos enfáticas, pode ajudar a delimitar o significado que se quer dar a uma afirmação. Por exemplo:

→ Comprometimento leva ao sucesso.
→ Comprometimento *sempre* leva ao sucesso.
→ Comprometimento *frequentemente* leva ao sucesso.

No entanto, também pode enfraquecê-la quando seu emprego é feito sem critério. Se você utiliza o advérbio "geralmente" em quase tudo o que afirma, suas afirmações perdem a força e sua argumentação fica debilitada. Trata-se de uma estratégia — de persuasão ou de autodefesa antecipada, para não se comprometer — que deve ser utilizada com cuidado.

Para saber se é ou não o caso de omitir um qualificador ou intensificador, tente escrever a frase sem ele e verifique se alguma coisa importante se perdeu.

Mesmo nas situações em que o uso dessas palavras é importante, cuide para não usá-las em demasia. Compare:

> Nunca em toda a minha vida fui tanto e tão fortemente ofendido por pessoas com tal grau de grosseria e tão mal-educadas como na abjeta situação que tive lamentavelmente de enfrentar na noite que passou.

Com:

> Nunca tinha sido tão ofendido por pessoas tão mal-educadas e grosseiras como na situação que tive de enfrentar ontem à noite.

Mais simples, mais limpo e igualmente forte.

Elimine repetições desnecessárias

Quando usada de maneira intencional para criar ênfase, a repetição de palavras ou de estruturas de frase pode ser um poderoso recurso de estilo:

> O crescimento tem sido demasiado baixo por demasiado tempo e em favor de demasiados poucos.
>
> (Christine Lagarde, citada por Clóvis Rossi, *Folha de S.Paulo*.)

No entanto, veja o que ocorre quando a repetição é gratuita, feita sem critério:

> A república surge, se associada à democracia, para limitar a liberdade dos cidadãos em favor do conjunto da sociedade, de modo a minimizar injustiças. A definitiva *superação* dessa dualidade, em contrapartida, não está totalmente *superada*.
>
> (Texto de aluno)

Além de o texto ficar feio, a escrita perde efetividade. Reescrito, esse trecho poderia ficar assim:

> Associada à democracia, a república surge para limitar a liberdade dos cidadãos em favor do conjunto da sociedade, de modo a minimizar injustiças. Essa dualidade, em contrapartida, não está totalmente superada.

Às vezes, é preciso repetir uma ideia ou pensamento para

transmitir um significado e aumentar a coerência entre duas frases, mas, de novo, verifique se é mesmo o caso de utilizar esse recurso. A repetição de uma mesma palavra dentro de uma frase ou numa sequência de frases rouba energia do seu estilo e faz a sua escrita soar rasa, descolorida.

Compare as duas frases:

> Ainda que eu tenha escrito a *resenha* sem *ajuda*, na hora de entregar para publicação pedi a meu professor que me *ajudasse* a fazer a revisão da *resenha*.

> Ainda que eu tenha escrito a resenha sem ajuda, na hora de entregá-*la* para publicação, pedi a meu professor que *a* revisasse.

Bem melhor, não é? Nesse caso, o simples uso de pronomes resolveu a questão. Como neste outro exemplo:

> Várias pessoas aplaudiram o prefeito: *algumas* tinham motivo; *outras*, não.

"Algumas" e "outras" são pronomes indefinidos. Eles retomam o substantivo "pessoas", que não precisa ser mencionado novamente.

Outro recurso simples, mas eficiente, para evitar repetições é o uso de sinônimos ou palavras com sentido bem próximo. Para deixar isso mais claro, vamos ver o que se pode fazer com o texto abaixo, a respeito da prática de ioga:

"Duas vezes por *semana* produz um *resultado* bom, em médio prazo. Mas quando praticada três ou quatro vezes na *semana*, os *resultados* são surpreendentes, pois você fortalece e energiza seu corpo muito mais rapidamente, o que o deixará estimulado a continuar a *prática*. Regularidade é fundamental para obter *resultados*. Portanto, não falte às *práticas*", alerta o instrutor [de ioga].

(Bruna Yuri Ouchi, *Ponto de Encontro*, p. 29.)

Veja agora o texto reescrito:

Duas vezes por semana produz um resultado bom, em médio prazo. Mas quando praticada três ou quatro vezes, o *efeito* é surpreendente, pois você fortalece e energiza seu corpo muito mais rapidamente, o que o deixará estimulado a continuar a prática. Regularidade é fundamental para obter resultados. Portanto, não falte às *sessões*.

No texto original, as palavras "semana" e "prática(s)" apareciam duas vezes, e "resultado(s)", três vezes. Na reescrita, foi possível eliminar uma ocorrência de "semana", já que o termo poderia ser subentendido pelo contexto; a palavra "resultado" foi substituída pelo sinônimo "efeito", permanecendo então duas vezes, uma no começo, outra no final da frase, uma vez no singular, outra no plural; e "práticas" foi substituída por "sessões", que, nesse caso, funciona como sinônimo adequado.

Observe mais um exemplo retirado de um site de notícias:

> A *polícia* acredita que a motivação para o *crime* foi um acerto de contas. Após o *crime* os quatro suspeitos do *crime* fugiram em duas motos. A *polícia* ainda não tem pistas dos acusados pelo *crime*.

A palavra "crime" foi usada quatro vezes, e "polícia", duas. Isso num curto parágrafo, formado por três frases. Para evitar essa repetição, uma possibilidade de reescrita seria:

> A polícia acredita que a motivação para o crime tenha sido um acerto de contas. Após o ataque, quatro pessoas fugiram do local em duas motos, mas ainda não há pistas sobre os suspeitos.

Foi preciso acertar o tempo verbal, encontrar um sinônimo para a palavra "crime" e transformar três frases em duas, porém a escrita ganhou em objetividade e estilo.

É possível ainda recorrer a outros arranjos. Veja:

> Gostava de pintar *bromélias*, *cravos* e *lírios*. As *flores* pareciam saltar da tela.

A palavra "flores" engloba todos os tipos de flor citados na frase anterior.

> Os *felinos* têm uma sensualidade agressiva. É o que eu percebia em todos os *gatos* da nossa casa.

O substantivo "gatos" está incluído entre os felinos.

Assim, pode-se empregar um sinônimo mais abrangente — como é o caso de "flores" no lugar de "bromélias, cravos e lírios" — ou um sinônimo mais particular ou específico — como "gatos" no lugar de "felinos", que é mais amplo.

Outras possibilidades:

O que se entende por "herança construtiva" nessa mostra é a forma como Calder absorveu ensinamentos de um de seus mestres, o pintor *Piet Mondrian* (1872--1944). Calder era um engenheiro interessado no uso de materiais industriais, mas ficou encantado quando visitou o ateliê do *artista holandês*.

(Flávio Moura, *Folha de S.Paulo*.)

FHC e Lula tinham legitimidade por resultarem de um lento enraizamento durante a luta contra a ditadura. Surgidos para a política representativa entre os anos 1970 e 1980, o *professor renomado* e o *sindicalista carismático* haviam contribuído para a construção de instituições desde a sociedade.

(André Singer, *Folha de S.Paulo*.)

No primeiro caso, para não repetir o nome do pintor, o autor utilizou uma expressão que indica a nacionalidade do artista a que se referiu. No segundo, em vez de repetir o nome dos dois ex-presidentes da República, o autor usou como recurso referir-se a atributos pelos quais eles se notabilizaram.

Esses exemplos lidam com situações muito diferentes das que ocorrem num famoso discurso de Nelson Mandela, do qual reproduzimos um fragmento:

> *Chegou o momento de* sarar as feridas.
>
> *Chegou o momento de* transpor os abismos que nos dividem.
>
> *Chegou o momento de* construir.
>
> [...]
>
> *Que haja* justiça para todos.
>
> *Que haja* paz para todos.
>
> *Que haja* trabalho, pão, água e sal para todos.
>
> Que cada um de nós saiba que o seu corpo, a sua mente e a sua alma foram libertados para se realizarem.
>
> *Nunca*, *nunca* e *nunca* mais voltará esta maravilhosa terra a experimentar a opressão de uns sobre os outros, nem a sofrer a humilhação de ser a escória do mundo.
>
> (Nelson Mandela, discurso proferido em Pretória, em 10 de maio de 1994.)

Outro exemplo interessante é dado por Fernando Sabino, em carta escrita para Clarice Lispector.

> Clarice,
>
> [...]
>
> *Tenho tido* muito pouco dinheiro. *Tenho tido* muitas oportunidades de ficar calado. *Tenho tido* muita decepção com os Correios. *Tenho tido* cansaço, saudade e calma. *Tenho bebido* muito, muito, muito. *Tenho lido* os

suplementos dominicais. *Tenho tido* vontade de voltar. *Tenho escrito* muitas cartas para você. *Tenho dormido* muito pouco. *Tenho xingado* muito o Getúlio. *Tenho tido* muito medo de morrer. *Tenho faltado* a muita missa aos domingos. *Tenho tido* muita pena de Helena ter se casado comigo. *Tenho tido* dor de dente. *Tenho* certeza que não volto mais.

[...]

Fernando

(Clarice Lispector, *Correspondências*, pp. 82-5.)

A repetição torna o texto mais expressivo e bonito, não é? Mas não é comum encontrar escritas com essa competência toda. Assim, como regra, a menos que se dê por questões estilísticas, feita deliberadamente e de maneira seletiva, evite a repetição de palavras ou expressões na mesma frase ou em frases subsequentes.

Não se renda à mesmice das palavras da moda

A crônica que reproduzimos a seguir trata desse princípio com muita propriedade e dispensa outras explicações. Ela foi publicada num blog, em Portugal, mas cabe muito bem para o que ocorre em nosso país. Leia:

De tempos em tempos, o modismo lexical faz-nos deparar, em qualquer esquina de comunicação escrita ou oral, com uma palavra antes ignorada ou esquecida. Não falo de neologismos que, aportuguesados ou inglesados, nos surgem amiúde, nem do modo sincopado do "siglês" que também fez e faz o seu percurso. Falo, antes, de palavras quase subitamente acordadas de longa letargia ou de esparso e comedido uso.

Assim foi, há anos, com o adjectivo *incontornável*, que tão incontornável aparecia que quase não se podia contornar. Com o tempo foi minguando e hoje, pelos vistos, já nada é incontornável.

Já no âmbito do "economês", o vocábulo *descontado* foi reabilitado, não em termos do valor pago a menos em saldos, mas para se usar, com ar tecnocrático, como uma poderosa arma de previsão económica *a posteriori* para um efeito ou acção já concretizados.

Outro exemplo mais recente é o uso do verbo *demandar* (fora do contexto jurídico) como sinónimo de procurar, reclamar ou requerer. Um galicismo que se tornou algo elitista, pois cativa mais a erudição dizer que "este problema demanda atenção" do que dizer que "requer atenção".

Fiz esta breve introdução para eleger uma das mais recentes palavras da moda linguística: *narrativa*, seja por que motivo for. Antes usada com parcimónia no domínio técnico dos géneros literários, eis que foi exponenciada após a pletora de "narrativas" que José Sócrates usou para narrar a jorros numa entrevista televisiva.

Vai daí, a narrativa (oral) anda por todo o lado. Transformou-se numa espécie de genérico, que se usa por dá cá aquela palha. Ela é exposição, raciocínio, relato, narração, enredo, conto, novela, prosa, récita, história, "estória", conversa, sonho, paleio, imaginação, aconselhamento, intriga. De toda a narrativa que vamos ouvindo, há um género que, nestes tempos conturbados e de expansão de redes sociais, vai fazendo escola e, por regra, traz água no bico: a narrada ou inventada pelo narrador.

A narrativa está, como substantivo, para *implementar*, como verbo. Dão para quase tudo e, assim sendo, também dão para nada significar.

E por aqui me fico na brevíssima narrativa sobre a narrativa.

(António Bagão Félix, blog Tudo Menos Economia.)

Esclarecedor, não é? Para não ficar só em Portugal, aqui vão alguns exemplos brasileiros que circularam em jornais e na internet, em 2016:

→ A palavra da moda é narrativa. No fundo, nada mais do que a versão que tenta se sobrepor aos fatos.
→ A gente não gosta dessa narrativa de que tudo que aconteceu conosco tenha sido do nada.
→ Crises são ocasiões propícias para fixar sentidos e determinar narrativas.
→ Anos 70 com narrativa de liberdade para a moda da temporada de verão 2016.

→ Narrativas são feitas de imaterialidades, de palavras cujos sentidos vão se cristalizando com seus usos e conveniências.

Acreditamos que tenha ficado claro que estamos tratando aqui da questão das "palavras da moda", não especificamente de "narrativa". Até porque, por ser da moda, logo esse termo perderá o protagonismo, sendo substituído por outros. O que ocorre, nesses casos, é que, de tanto ser usada e nos contextos mais variados, a palavra acaba perdendo em especificidade e tirando vigor do texto.

Isso nos leva a outro ponto fundamental da boa escrita: a escolha da palavra certa. A língua portuguesa dispõe de um vocabulário muito rico. Para dar uma ideia de quantidade, o *Dicionário Houaiss* tem mais de 200 mil verbetes. Impossível não encontrar o termo adequado para cada situação que se quer expressar, sem necessidade de utilizar essas palavras-ônibus, que significam tudo e coisa nenhuma. É preciso consultar dicionários, procurar pela acepção que melhor se encaixa no contexto, ir em busca do sinônimo mais próximo, e ler, ler bastante, pois nada como a leitura para ampliar nossas possibilidades de expressão pela palavra.

Evite estrangeirismos desnecessários

Estrangeirismo, segundo o *Aurélio*, é o emprego de palavra, frase ou construção sintática estrangeira. Uma rápida passada num shopping revela o quanto o uso de palavras vindas do inglês está disseminado entre nós. As lojas não fazem mais liquidações, e sim "sales". Nem dão descontos, só anunciam "X% off". Cafeterias viraram "coffee shops". Bicicletas agora são apenas "bikes". As faixas exclusivas para ônibus são marcadas com a palavra "bus". Os ingressos de eventos são quase sempre chamados de "tickets"... A lista é longa.

Seja fiel à língua na qual você está escrevendo. Se existe uma palavra ou expressão correspondente em português, não há por que utilizar um termo estrangeiro. Não se trata de demonizar o que vem de fora, mas de aproveitar a riqueza da própria língua. Claro que, se for necessário, não há nenhum problema em utilizar palavras estrangeiras quando são de uso corrente e compreendidas por um grande número de pessoas. Seria muito artificial, por exemplo, usar "correio eletrônico" em vez de "e-mail", "em linha" em vez de "on-line", "apagar" em vez de "deletar", "autorretrato" em vez de "selfie", "rede mundial de computadores" em vez de "internet".

Fora esses casos mais corriqueiros, não parta do princípio de que o leitor conhece certos termos em inglês, francês ou latim — para ficarmos apenas nos idiomas de uso mais comum. Se usá-los, explique seu significado.

Veja o significado de alguns estrangeirismos

do inglês

- *coworking*: ambiente de trabalho compartilhado.
- *flyer*: folheto de propaganda.
- *folder*: folheto com dobras; na internet, pasta de armazenamento de arquivos.
- *frame*: moldura; na internet, partes de uma página onde ficam barras de rolagem.
- *help desk*: serviço de auxílio técnico em tecnologia.
- *high tech*: alta tecnologia.
- *hiperlink*: ligação entre páginas da internet.
- *hand made:* feito à mão.
- *home made*: feito em casa.
- *home office*: trabalho em casa.
- *homepage*: página de entrada de um site.
- *home theater*: cinema em casa.
- *host*: anfitrião; na internet, computador que hospeda o conteúdo de um site.
- *junk food*: comida de baixa qualidade nutritiva.
- *ranking*: classificação.
- *reload* (*refresh*): carregar novamente uma página de internet.
- *staff*: equipe, grupo de trabalhadores.
- *standard*: padrão.
- *teamwork* (*groupwork*): trabalho em equipe.
- *trash*: lixo, porcaria, sem valor.
- *upload*: enviar arquivos para um servidor ou outro computador.

do francês

- *affaire*: caso.
- *bureau*: birô, estúdio.
- *couvert* (*artístico*): quantia cobrada a mais em restaurantes ou casas de eventos para pagamento de uma apresentação artística.
- *démodé*: fora de moda, antiquado.
- *en passant*: de modo superficial.
- *frisson*: sensação de prazer.
- *petit comité*: grupo pequeno.
- *habitué*: freguês, cliente habitual.
- *studio*: apartamento bem pequeno.

do latim

- *a priori*: antes de.
- *a posteriori*: depois de.
- *ad aeternum*: para sempre, eternamente.
- *ad hoc*: designado para isso.
- *ad infinitum*: sem fim, sem limites.
- *ad nauseam*: até a exaustão.
- *pari passu*: ao mesmo tempo, simultaneamente.
- *data venia*: usado para discordar respeitosamente.
- *grosso modo*: de modo geral.
- *in dubio*: em caso de dúvida.
- *ipsis litteris*: literalmente.
- *hic et nunc*: aqui e agora.
- *honoris causa*: a título honorífico, dado em homenagem.
- *modus operandi*: modo como se faz alguma coisa.

Como garantir a coesão e a coerência do texto

5

A coesão é a ligação entre as palavras, expressões ou frases. Ela manifesta-se por elementos gramaticais que servem para estabelecer vínculos entre os componentes do texto. A coerência refere-se às relações de sentido, à organização. A distinção entre coesão e coerência, contudo, não é tão nítida quanto às vezes se pensa e sugere. Na verdade, coesão e coerência são duas faces do mesmo fenômeno.

Como bem afirma a linguista Lucília Garcez, "um texto não é uma simples justaposição de frases corretas, uma após outra. Exige um entrelaçamento rigoroso das ideias que estão sendo expostas para que o leitor não se perca e consiga interpretá-lo corretamente".

As ideias — central e secundárias — precisam ser sequenciadas de maneira adequada, ou seja, organizadas de modo que o leitor compreenda o papel de cada uma no contexto mais geral.

Conecte seus pensamentos, relacionando sentenças e parágrafos

Em textos bem escritos, um pensamento está conectado ao outro. As palavras e frases estão dispostas lógica e coerentemente. Isso leva o leitor a se mover com facilidade de um ponto a outro do texto e entender como as ideias secundárias se relacionam com a ideia central.

A coerência se dá a partir de uma relação lógica entre as ideias, em um pensamento progressivamente construído.

O processo de leitura é, por natureza, linear e sequencial: cada sentença funciona no contexto daquela que a precede. Assim, a coerência de um texto depende de como são feitas as conexões, não somente dentro das próprias sentenças, mas também entre estas e entre os parágrafos. Observe este exemplo:

> A cada vez que nós, brasileiros, gastamos na urna alguns minutos para o "dever cívico", um ateniense teria ido à ágora oitenta vezes, nela passando um total de centenas de horas.
>
> *Essa disposição* a discutir a coisa pública hoje é rara. Encontra-se em estudantes, em sindicalistas, em militantes, e mais nos jovens que nos mais velhos.
>
> (Renato Janine Ribeiro, *A democracia*, p. 28.)

A expressão "essa disposição" resume o que foi dito no final da frase anterior, contribuindo para dar encadeamento às ideias que estão sendo discutidas no texto.

Deixe claro para o leitor aonde você quer chegar

Procure informar o leitor do que vem a seguir. Por exemplo, se pretende abordar três aspectos de um assunto, enumere-os já na introdução. Não surpreenda o leitor com um segundo ou terceiro aspecto sem ter anunciado o primeiro. Veja isso na prática:

Em vários países, só recentemente os estudos históricos sobre a velhice começaram a surgir. No Brasil, tais estudos ainda são escassos, em particular para os períodos mais remotos de nossa história: o colonial e o imperial. As pesquisas que já foram realizadas privilegiaram a institucionalização da velhice, através da formação dos asilos e de outras ações filantrópicas.

A proposta deste trabalho é tentar desvendar os deslocamentos da importância que a história atribuiu ao conceito de envelhecimento na sociedade brasileira. Por isso, se preocupará, nesta parte, em analisar as formas de viver dos idosos em nosso período colonial e, posteriormente, nos primeiros tempos do Império.

(Alexandre Hecker, *Uma história da longevidade no Brasil*, p. 16.)

Garanta a coesão, empregando palavras e frases relacionais

Use palavras e frases para estabelecer relações entre as sentenças e entre os parágrafos. Para tanto, podem ser empregados pronomes demonstrativos (este, esse, aquele), conjunções (coordenativas: "e", "mas", "portanto"; subordinativas: "se", "quando", "uma vez que", "embora") e expressões, como as relacionadas a seguir:

Adição

- ademais
- além disso
- e
- em outras palavras
- em primeiro lugar... em segundo lugar
- por um lado... por outro lado
- não só... mas também
- nem
- outra razão

Tempo

- antes que
- assim que
- até que
- depois que
- desde que
- enquanto
- quando

Comparação e analogia

- como
- como se
- da mesma maneira
- de outra forma
- diferentemente
- igualmente
- mais (do) que
- menos (do) que
- tanto quanto
- quanto mais... menos

Proporcionalidade

- à medida que
- à proporção que
- quanto mais... mais

Causa e efeito

- consequentemente
- de forma que
- de maneira que
- de sorte que
- devido a
- em razão de
- em virtude de
- graças a
- já que
- na medida em que
- por
- por causa de
- porque
- tanto... que
- tão... que
- uma vez que

Conformidade

- como (= conforme)
- conforme
- de acordo com
- segundo

Finalidade

- a fim de
- a fim de que
- para
- para que

Hipótese e condição

- caso
- contanto que
- desde que
- em caso de
- se
- senão

Conclusão

- em resumo
- em suma
- então
- finalmente
- para concluir
- portanto

Concessão

- a despeito de
- ainda que
- apesar de
- embora
- malgrado
- mesmo que
- por mais que

Ilustração ou exemplo

- com efeito
- em outras palavras
- especificamente
- para ilustrar
- particularmente
- por exemplo

Construa frases com estruturas simétricas

A simetria na construção das frases é o que chamamos de paralelismo. Não se pode dizer que a falta de paralelismo seja um erro, mas não há dúvida de que seu emprego pode contribuir para a coerência e o ritmo do texto.

Se você escreve "não só", deve dar continuidade à frase com "mas também" ou "como também". Vejamos alguns casos:

> Não fui ao cinema por estar chovendo e porque precisava estudar.

Nessa frase, não existe paralelismo. As causas foram introduzidas pela preposição "por" e pela conjunção "porque". A frase ficaria melhor se utilizássemos a mesma construção para indicar as duas causas:

→ Não fui ao cinema por estar chovendo e por precisar estudar.
→ Não fui ao cinema porque estava chovendo e porque precisava estudar.

Ou ainda:

→ Não fui ao cinema não só porque estava chovendo, mas também porque precisava estudar.
→ Não fui ao cinema não só por estar chovendo, mas também por precisar estudar.

Veja como fica ruim uma enumeração em que o paralelismo não é levado em conta:

Como identificar uma criança superdotada:
— Aprende mais rápido que seus colegas da mesma idade.
— Faz muitas perguntas, demonstrando grande curiosidade.
— Tem um vocabulário avançado para sua idade.
— Têm um senso de humor altamente desenvolvido.
— São persistentes em satisfazer seus interesses.
— São críticos de si mesmos e dos outros.

— Apresentam bom desempenho em testes de inteligência.

(*O Estado de S. Paulo*, 29 set. 2010.)

Os três primeiros itens estão na terceira pessoa do singular e os quatro últimos, na terceira pessoa do plural. Ficaria bem melhor assim:

Como identificar uma criança superdotada:
— Aprende mais rápido que seus colegas da mesma idade.
— Faz muitas perguntas, demonstrando grande curiosidade.
— Tem um vocabulário avançado para sua idade.
— Tem um senso de humor altamente desenvolvido.
— É persistente em satisfazer seus interesses.
— É crítica de si mesma e dos outros.
— Apresenta bom desempenho em testes de inteligência.

Ou ainda:

Como identificar crianças superdotadas:
— Aprendem mais rápido que seus colegas da mesma idade.
— Fazem muitas perguntas, demonstrando grande curiosidade.
— Têm um vocabulário avançado para sua idade.
— Têm um senso de humor altamente desenvolvido.
— São persistentes em satisfazer seus interesses.

- São críticas de si mesmas e dos outros.
- Apresentam bom desempenho em testes de inteligência.

Conecte o final de uma sentença com o começo da próxima

A coerência entre as sentenças pode ser obtida com um princípio bem simples: comece com informação familiar ao leitor e termine com informação desconhecida. Esse recurso pode contribuir para que seu texto fique mais fluente, coerente e compreensível para quem lê. Observe este trecho de uma notícia:

> O coordenador da Pneumologia Sanitária da Secretaria de Estado da Saúde de Minas Gerais explica que as pessoas devem adotar hábitos para prevenir esses agravos, comuns durante o tempo seco. "O mais importante é a hidratação. É necessário tomar 2 litros ou mais de água. A alimentação precisa ser leve, baseada em frutas, legumes e verduras. É recomendável usar umidificadores de ar, ou mesmo uma toalha molhada em ambientes fechados. Outra recomendação é manter a vacinação em dia, muitos problemas podem ser evitados com vacinas", explicou.
>
> [...]
>
> O crescimento da poluição é uma das principais causas do afloramento das doenças respiratórias nesta épo-

ca do ano. Isso devido ao baixo nível da umidade do ar e muitas partículas de poeira em suspensão, diminuindo a qualidade do ar que se respira.

Como consequência, ocorre o aumento dos casos de asma, pneumonia, sinusite, rinite, resfriados, gripes e outras doenças do aparelho respiratório. [...] "Com o aumento da incidência de viroses respiratórias, crescem as infecções virais e, consequentemente, o atendimento às pessoas que apresentam patologias respiratórias", completa o pneumologista.

(Aislan Henrique, site de notícias Patos Agora.)

Note que, já no primeiro parágrafo, fala-se em "esses agravos" sem que nenhum agravo tenha sido mencionado anteriormente. Toda a informação nova é dada antes que se comente o já conhecido. Veja agora o mesmo trecho com as frases reorganizadas de acordo com o princípio "primeiro o conhecido, depois o novo":

O crescimento da poluição é uma das principais causas do afloramento das doenças respiratórias nesta época do ano. Isso devido ao baixo nível da umidade do ar e muitas partículas de poeira em suspensão, diminuindo a qualidade do ar que se respira.

Como consequência, ocorre o aumento dos casos de asma, pneumonia, sinusite, rinite, resfriados, gripes e outras doenças do aparelho respiratório.

O coordenador da Pneumologia Sanitária da Secre-

> taria de Estado da Saúde de Minas Gerais explica que as pessoas devem adotar hábitos para prevenir esses agravos, comuns durante o tempo seco. "O mais importante é a hidratação. É necessário tomar 2 litros ou mais de água. A alimentação precisa ser leve, baseada em frutas, legumes e verduras. É recomendável usar umidificadores de ar, ou mesmo uma toalha molhada em ambientes fechados."

Ajude o leitor a estar ciente do verbo correspondente a cada sujeito

Nas sentenças em que o verbo está muito distante do sujeito, o leitor pode ficar desorientado e ter dificuldade para compreender.

O parágrafo que segue, em que o autor discorre a respeito das liberdades individuais, é um bom exemplo para analisar esse aspecto:

> A *rápida configuração* de novas realidades econômicas, sociais e culturais causada pelos fluxos de capitais internacionais, pelas migrações, pela formação de blocos regionais de Estados e pelos novos vínculos entre indivíduos por intermédio da tecnologia da informação — a tão conhecida globalização — *dificulta* o estabelecimento de fronteiras entre as liberdades de cada ator do processo.
>
> (Texto de aluno)

Observe como o verbo "dificultar", que se relaciona ao sujeito "rápida configuração", está deslocado. São muitos os fatores citados até que se chegue à ação que se quer indicar — a de que algo funciona como dificultador de um processo —, obrigando o leitor a uma segunda leitura, antes de ir em frente.

Em casos assim, procure reescrever o texto de forma que essa distância entre o sujeito e o verbo seja diminuída. Muitas vezes, a melhor maneira de evitar esse problema é dividir o parágrafo em várias sentenças. O ponto-final é bem-vindo.

Uma possibilidade de reescrita seria:

> Fluxos de capitais internacionais, migrações e a formação de blocos regionais de Estados têm modificado rapidamente a configuração de novas realidades econômicas, sociais e culturais. Somam-se a isso novos vínculos entre indivíduos por intermédio da tecnologia da informação — a tão conhecida globalização. Esse conjunto de fatores dificulta o estabelecimento de fronteiras entre as liberdades de cada ator do processo.

Onde havia uma única e longa frase agora há três, mais curtas. Ao sujeito de cada uma correspondeu um verbo ("têm modificado", "somam-se", "dificulta"). Ficou mais fácil entender a tese defendida pelo autor: é difícil estabelecer até onde vão liberdades individuais, pois há diversos fatores interferindo nesse processo.

Fique atento à correlação dos tempos verbais

A coerência é decorrente da conectividade, da continuidade, da consistência. Faz parte da coerência criar expectativa no leitor e corresponder a ela através do modo como o texto é construído.

Uma das formas de obter isso é correlacionar adequadamente as formas verbais nas frases, de maneira a manter a clareza na expressão das ideias. De modo geral, essa correlação não apresenta problemas, mas há casos em que, se não for feita corretamente, pode comprometer a lógica do texto.

Compare as frases:

→ Você *quer* que eu *vou* em seu lugar?
→ Você *quer* que eu *vá* em seu lugar?

A forma verbal "vou", usada na primeira frase, apresenta a ação de *ir* como um fato, quando, na verdade, trata-se de uma hipótese. O mais adequado seria a forma empregada na segunda, "vá", que indica uma possibilidade, não uma certeza.

Na língua portuguesa, há formas verbais específicas para indicar certeza, possibilidade, hipótese, desejo, dúvida, ordem, conselho, pedido. Fique atento à intenção que você quer expressar, de forma a fazer a correlação adequada entre os verbos.

Se usar	empregue
• Acredito que • Espero que • Desejo que • Não acho que • Pode ser que • Suponho que	diga, faça, aconteça, venha, seja, tenha, chegue…

Outras correlações comuns são:

→ Se você *viajar*, sua mãe *ficará* (*vai ficar*) sozinha.
→ Se ela *vier*, *passará* (*vai passar*) a fazer parte do grupo.
→ Quando nós *decidirmos*, você *será* (*vai ser*) o primeiro a saber.
→ Se ele *saísse*, o lugar *ficaria* (*iria ficar*) abandonado.
→ Se os eleitores *pensassem* melhor, não *votariam* (*iriam votar*) naquele candidato.
→ Se eu *ganhasse* na loteria, *compraria* (*iria comprar*) uma casa na praia.
→ A vendedora percebeu que o cliente *tinha quebrado* o vaso.
→ Quando meu pai chegar, já *terei resolvido* o problema.
→ Se nos avisassem, não *teríamos seguido* esse caminho.

Outros exemplos de correlação bem feita em textos:

Se *tiverem* consciência, os comunicadores oficiais *poderão* amenizar desconfortos. Se não *tiverem*, *cairão* no ridículo.

(Eugênio Bucci, *O Estado de S. Paulo*.)

Se me *fosse* possível sair deste malfadado claustro, não *esperaria* em Portugal que se cumprissem as tuas promessas: *iria* eu, sem qualquer inibição, procurar-te, seguir-te e amar-te por toda a parte.

(Mariana Alcoforado, *Cartas portuguesas*.)

O estudo demonstra que, se as reservas naturais *fossem* ligadas entre si, uma maior quantidade da biodiversidade remanescente *poderia ser* preservada.

(Fernando Reinach, *A longa marcha dos grilos canibais*, p. 30.)

Organize seu texto seguindo uma progressão natural

Uma das maneiras de manter a coerência é seguir o fluxo natural, que pode ser do geral para o específico, do menos recente ao mais recente, do mais simples ao mais complexo, do mais curto ao mais longo, do menos importante ao mais importante. Ou vice-versa para todas essas situações, é claro. Veja a seguir alguns casos bem específicos de progressão.

Ordem cronológica

É aquela que lista os acontecimentos distribuídos no tempo. Como neste exemplo:

> Quando Portugal assinou o acordo de adesão à então Comunidade Econômica Europeia (CEE), em 1985, a taxa de inflação estava perto dos 20% e tinha estado perto dos 30% no ano anterior. Porém, desde 1995 que a taxa de inflação em Portugal se situa abaixo dos 5%. O processo de desinflação da economia portuguesa, operado entre o final dos anos 80 e meados dos anos 90, é um dos fenômenos mais marcantes da economia portuguesa desde a adesão à CEE. Associada à queda da taxa de inflação, esteve a descida das taxas de juro, de tal modo que, por algumas vezes, entre 2003 e 2005, a taxa de juros da dívida pública portuguesa no mercado secundário esteve abaixo da taxa de juro da dívida pública alemã.
>
> (Pedro Bação, *A economia portuguesa na União Europeia — 1986-2010*.)

Se esse texto tivesse sido escrito sem atenção à ordem cronológica, teria sido muito mais difícil compreender a tese do autor, de que para Portugal a entrada na CEE constituiu uma vantagem.

Ordem de complexidade

Num texto explicativo, por exemplo, é mais lógico definir primeiro do que se vai tratar, antes de fazer classificações e análises que implicam o termo definido. Como no trecho que segue, retirado de um site dedicado à economia:

> A economia pode ser definida assim: o estudo de como as pessoas e a sociedade decidem empregar recursos escassos, que poderiam ter utilizações alternativas, para produzir bens variados.
>
> Pode-se fazer a seguinte divisão no estudo econômico:
>
> — Macroeconomia — analisa o comportamento da economia como um todo, por meio de preços e quantidades absolutos. Faz parte dela os movimentos globais nos preços, na produção ou no emprego.
>
> — Microeconomia — estuda o comportamento de cada "molécula econômica" do sistema, por meio de preços e quantidades relativas. Para exemplificar, pode-se citar a análise do funcionamento de empresas.
>
> Enquanto a economia positiva ocupa-se da descrição de fatos, circunstâncias e relações econômicas, a economia normativa expressa julgamentos éticos e valorativos. As grandes divergências entre os economistas aparecem nas discussões de caráter normativo, como por exemplo o da dimensão do Estado e o poder dos sindicatos.
>
> (Site EconomiaNet)

Note que, primeiro, o autor definiu o que ele entende por economia, para só depois estabelecer subdivisões (microeconomia e macroeconomia) e classificações (economia positiva e economia normativa).

A coerência exige lógica. Muitas vezes, a ordem das palavras na frase, períodos muito longos com digressões desnecessárias, excesso de períodos fragmentados, uso inadequado de conectivos prejudicam a coerência. O texto precisa estar construído de forma que o leitor não fique se perguntando por que algo foi dito, pois o todo é resultado da conexão entre as partes que o compõem.

Como pontuar: ritmo e sentido

6

"A escrita não é senão ritmo." (Virginia Woolf, escritora.)

"O que dá o ritmo à frase escrita é a pontuação. Ela é crucial, porque introduz os matizes de ritmo através da vírgula, do ponto e vírgula, dos dois-pontos, da exclamação, do ponto-final, do parágrafo e outros recursos do gênero." (Renato Mezan, psicanalista.)

"Nenhum metal pode penetrar o coração humano de maneira tão gélida quanto um ponto colocado no momento exato." (Isaac Bábel, escritor russo.)

"Pontuar bem é ter visão clara da estrutura do pensamento e da frase. Pontuar bem é governar as rédeas da frase. Pontuar bem é ter ordem no pensar e na expressão." (Celso Luft, gramático.)

Cada autor, à sua moda, colocou a pontuação no lugar que lhe cabe num texto: além de dar ritmo, também confere sentido à frase.

Veja um exemplo em que a mesma frase está pontuada de três modos diferentes. Todos estão corretos do ponto de vista gramatical, mas têm diferenças sutis de ênfase e ritmo. Percebe-se isso com clareza na leitura em voz alta.

→ A jovem, fantasiada de colombina, entrou abruptamente no salão.

→ A jovem, fantasiada de colombina, entrou, abruptamente, no salão.

→ A jovem fantasiada de colombina entrou abruptamente no salão.

Na primeira frase, a expressão "fantasiada de colombina" está em destaque, enfatizando a maneira como a jovem está vestida; quando se lê em voz alta, são feitas duas pausas marcadas pelas vírgulas. Na segunda, dá-se ênfase não só ao traje da jovem, mas também ao modo como ela entrou no local; são feitas quatro pausas marcadas pelas vírgulas. Na terceira, a ausência de vírgula não confere destaque a nenhum termo e a leitura é feita sem interrupção.

Há casos em que o emprego da vírgula muda o sentido da frase:

→ Os professores, que estavam em greve, voltaram ao trabalho ontem.
→ Os professores que estavam em greve voltaram ao trabalho ontem.

Note que, no primeiro caso, há uma generalização: todos os professores estavam em greve. No segundo, há um sentido restritivo: só aqueles que estavam em greve voltaram ao trabalho.

O uso inteligente da vírgula pode produzir efeitos muito interessantes, como este, visto num texto de apresentação de um livro de poemas:

> Pode ser enigma, claro. Pode ser enigma claro. Só conseguiremos saber de verdade ao nos aventurarmos pelas sementes que ela plantou em nosso caminho leitor.
>
> (Fernando Nuno, apresentação, *Eu poderia acordar todas as letras*, p. 11.)

Na primeira frase, a vírgula separando "enigma" de "claro" fez com que a palavra "enigma" conservasse seu sentido próprio, sem caracterização. Nesse caso, "claro" funcionou como interjeição. Na segunda, suprimindo a vírgula, o autor transformou "claro" em adjetivo, obtendo um efeito de antítese, já que a palavra "enigma" indica algo obscuro, sem clareza. E ainda criou uma intertextualidade com o título de um livro de Carlos Drummond de Andrade, chamado *Claro enigma*.

Falar de pontuação sem recorrer às funções sintáticas é praticamente impossível. Mas como o propósito aqui não é dar regras, e sim ajudá-lo a aperfeiçoar seu texto e se fazer compreender pelo leitor, seguem alguns princípios básicos de pontuação, indispensáveis para escrever bem. Os termos mais técnicos dos quais não foi possível fugir podem ser encontrados no glossário.

Use o ponto-final para enfatizar suas ideias

O ponto-final cria pausa; a pausa cria ênfase. Prefira períodos curtos. Se você só escreve períodos longos, não dá condições para que o leitor acompanhe o encadeamento entre as ideias. Quando quem escreve não divide adequadamente as ideias em diferentes períodos, cria problemas para quem lê, dificultando a interpretação. Como ocorre no texto que segue:

> O advento da Primeira Guerra Mundial provoca um abalo na crença da superioridade dos padrões de conduta e dos valores europeus, estimulando a necessidade de redescoberta de um Brasil real, que já se preparava para as rupturas estéticas e políticas da década de 1920, quando surgem novas instituições culturais e outras formas de reconhecimento da cultura brasileira, que se assume, desde então, como mestiça, definida em seus traços singulares, e que se pretende inserir autonomamente no concerto das nações.
>
> (Mariza Velozo e Angélica Madeira, *Leituras brasileiras*, p. 88.)

Sem alterar quase nada, apenas usando o ponto-final, pode-se dividir o período em três:

> O advento da Primeira Guerra Mundial provoca um abalo na crença da superioridade dos padrões de conduta e dos valores europeus, estimulando a necessidade de redescoberta de um Brasil real. O país já se preparava para as rupturas estéticas e políticas da década de 1920, quando surgem novas instituições culturais e outras formas de reconhecimento da cultura brasileira. Esta se assume, desde então, como mestiça, definida em seus

traços singulares, e pretende-se inserir autonomamente no concerto das nações.

Outro exemplo:

O Brasil fez-se Império antes de se fazer nação. No contexto internacional da época, nosso processo de independência foi algo aberrante não apenas devido ao regime monárquico que adotou, como não se cansará de frisar a propaganda republicana de finais do Segundo Reinado, mas também devido à forma imperial que tomou o Estado brasileiro numa conjuntura que já se anunciava nitidamente desfavorável às construções imperiais e eminentemente marcada pelo triunfo da ideia nacional na Grécia, depois na Bélgica, na Espanha, que se levantara em 1808 contra o império napoleônico, no próprio Portugal das Cortes de Lisboa, que, no momento azado, não hesitou em sacrificar o Brasil aos seus objetivos estritamente nacionais.

(Evaldo Cabral de Mello, *Um imenso Portugal*, p. 24.)

Nesse caso, como o parágrafo tinha dois períodos, um curto e outro muito longo, pudemos dividi-lo em quatro. Além disso, por haver muitas orações intercaladas, foi necessário substituir vírgulas por duplo travessão, para dar destaque às frases, e fazer pequenas alterações para preservar o sentido. Ficou assim:

O Brasil fez-se Império antes de se fazer nação. No contexto internacional da época, nosso processo de independência foi algo aberrante não apenas devido ao regime monárquico que adotou — como não se cansará de frisar a propaganda republicana de finais do Segundo Reinado —, mas também devido à forma imperial que tomou o Estado brasileiro. A conjuntura que já se anunciava era nitidamente desfavorável às construções imperiais e eminentemente marcada pelo triunfo da ideia nacional. Foi o que ocorreu na Grécia, depois na Bélgica, na Espanha — que se levantara em 1808 contra o império napoleônico — e no próprio Portugal das Cortes de Lisboa, que, no momento azado, não hesitou em sacrificar o Brasil aos seus objetivos estritamente nacionais.

Porém, é preciso cuidar para que o texto não fique claudicante, parecendo mero somatório de ideias avulsas. O ponto é bem-vindo, mas use-o com moderação.

Empregue a vírgula para separar partes da frase

Ao contrário do que algumas pessoas pensam, a função da vírgula não é apenas criar pausas. A vírgula separa ideias e seu emprego obedece a critérios sintáticos, ou seja, que se referem à posição das palavras numa frase e às relações das frases entre si. Assim, a vírgula pode indicar ligação entre orações, separação, inversão, omissão ou intercalação dos termos de uma oração.

Não é sem motivo que o emprego da vírgula está entre as dúvidas mais frequentes das pessoas que escrevem. De fato, alguns empregos são obrigatórios; outros, opcionais. Esse emprego optativo permite variações no modo de expressar uma mesma ideia, produzindo ritmos e sentidos especiais. E individualizando sua escrita. Assim, fica mesmo difícil fazer essas escolhas sem ter como base alguns princípios da língua portuguesa. Então, vejamos.

A ordem direta dos termos de uma oração é: sujeito → verbo → complemento → adjunto adverbial.

A Bahia → sujeito
comemora → verbo
a festa de Iemanjá → complemento
no dia 2 de fevereiro. → adjunto adverbial

Se essa ordem for invertida, colocando o adjunto no início ou no meio da frase, é preciso empregar a vírgula. Assim:

→ No dia 2 de fevereiro, a Bahia comemora a festa de Iemanjá.
→ A Bahia comemora, no dia 2 de fevereiro, a festa de Iemanjá.

Empregos obrigatórios da vírgula

Para separar os itens de uma enumeração

> Onde estão a África, os africanos e os afro-brasileiros na grade curricular das nossas escolas públicas e privadas, nos níveis infantil, fundamental, médio e universitário?
>
> (Dagoberto José da Fonseca, "A História, o africano e o afro-brasileiro".)

Nesse exemplo, temos duas enumerações: "a África, os africanos e os afro-brasileiros" e "níveis infantil, fundamental, médio e universitário". Com exceção do último item, que vem precedido de "e", os demais termos de cada enumeração devem ser separados por vírgula.

Para isolar o aposto e o vocativo

O aposto explica; o vocativo chama. Vamos entender como isso funciona através de exemplos, começando pelo *aposto*:

> As coisas estavam melhorando em Jérémie, cidade litorânea na ponta da península no sul do Haiti, país cuja infraestrutura foi seriamente abalada pelo terremoto de 2010.
>
> (Azam Ahmed, *O Estado de S. Paulo*.)

Nessa frase, retirada de um texto sobre o furacão Matthew, que assolou o Haiti em outubro de 2016, há dois exemplos de aposto: "cidade litorânea na ponta da península no sul do Haiti" explica para o leitor onde fica a cidade de Jérémie; e "país cuja infraestrutura foi seriamente abalada pelo terremoto de 2010" informa o leitor sobre a situação do Haiti no momento da catástrofe ocorrida seis anos depois.

O *vocativo* é o termo utilizado para chamar, interpelar algo ou alguém:

> — *Joãozinho*, ainda gostas um pouquinho de mim?
>
> Sua mão de unhas esmaltadas procurou o comutador e a treva da noite penetrou dentro do quarto.
>
> (Paulo Mendes Campos, "Palacete Mon Rêve", p. 82.)

> Ela se vingou, verde de ódio:
>
> — Que foi, *nenê*?
>
> Já ousei também com a minha chefe, ao entrar na sala dela:
>
> — Tudo legal, *tia*?
>
> (Walcyr Carrasco, "A revolta dos tios", p. 55.)

> *Por que foges assim*, barco ligeiro?
>
> (Castro Alves, "O navio negreiro", p. 282.)

> Ó mar, *por que não apagas*
> *Co'a esponja de tuas vagas*
> *De teu manto este borrão?*
>
> (Castro Alves, "O navio negreiro", p. 283.)

Nos dois primeiros exemplos, o vocativo é referente a pessoas ("Joãozinho", "nenê", "tia"); nos últimos, faz alusão a objetos ("barco ligeiro") e a elementos da natureza ("mar").

Para separar orações coordenadas

> Dia poderoso para você fazer algo acontecer, *mas* saiba trabalhar pelos seus objetivos, sem imposições.
>
> (Horóscopo, *Folha de S.Paulo*.)

Esse período é constituído por duas orações independentes, que estão ligadas por uma conjunção ("mas"). A presença dessa conjunção exige a vírgula.

Agora veja um caso diferente:

> No dia dos 20 anos da despedida de Renato Russo, o Correio traça um roteiro dos pontos preferidos do líder da Legião Urbana no Distrito Federal. Lugares onde ele *brincou*, *estudou*, *trabalhou*, *namorou*, *tocou*.
>
> (Renato Alves, *Correio Braziliense*.)

Também aqui temos orações independentes umas das outras: "brincou", "estudou", "trabalhou", "namorou" e "tocou" são orações coordenadas. A diferença é que, nesse caso, as vírgulas substituem as conjunções.

Quando as orações são ligadas pela conjunção "e", a vírgula não é obrigatória, exceto quando elas têm sujeitos diferentes:

→ Os Estados Unidos invadem o Iraque e desrespeitam a ONU.
→ Os Estados Unidos invadem o Iraque, e o mundo protesta.

No primeiro exemplo, o sujeito de "invadem" e "desrespeitam" é "Os Estados Unidos". No segundo, o sujeito de "invadem" é "Os Estados Unidos"; de "protesta" é "o mundo". Sujeitos diferentes, vírgula antes do "e".

Note que a repetição da conjunção "e" pode funcionar como recurso de estilo, produzindo ênfase e cadência. Nesse caso, mesmo havendo um único sujeito, emprega-se a vírgula. Esse uso é mais comum em textos poéticos, como neste exemplo clássico de Olavo Bilac, no poema "A um poeta":

Trabalha, e teima, e lima, e sofre, e sua.

Para separar orações subordinadas adjetivas explicativas

Mais de 750 mil haitianos precisam de ajuda imediata, em razão da destruição causada pelo furacão Matthew, *que deixou ao menos mil mortos*, informou a ONU ontem.
(*O Estado de S. Paulo*, 11 out. 2016.)

A oração "que deixou ao menos mil mortos" dá uma informação importante para o leitor sobre a tragédia causada pelo furacão no Haiti. Mas ela depende da oração anterior. Por isso, é chamada de oração subordinada. Além disso, ela qualifica, adjetiva o furacão. Trata-se, então, de uma oração *subordinada adjetiva*. E é *explicativa* porque acrescenta uma informação que poderia não ter sido dada:

> Mais de 750 mil haitianos precisam de ajuda imediata, em razão da destruição causada pelo furacão Matthew, informou a ONU ontem.

Existem casos em que a informação é fundamental. Não pode ser omitida, porque restringe o significado do termo que ela modifica. Veja:

> Há furacões *que se formam na costa da* África.

A oração "que se formam na costa da África" é subordinada adjetiva, mas restringe o alcance da palavra "furacões": trata-se apenas dos furacões que têm origem na costa africana. Essa informação é fundamental para o correto entendimento da frase. É uma oração *subordinada adjetiva restritiva* e não pode ser separada por vírgula.

Veja como a presença da vírgula pode alterar o significado de uma frase:

→ Os deputados, *que rejeitaram o projeto*, deixaram o plenário.
→ Os deputados *que rejeitaram o projeto* deixaram o plenário.

No primeiro exemplo, pressupõe-se que todos os deputados tenham rejeitado o projeto e, consequentemente, todos deixaram o plenário. Trata-se de uma *explicativa*. No segundo, pressupõe-se a existência de deputados que rejeitaram e de outros que não rejeitaram o projeto. Enfatiza-se que só aqueles que o rejeitaram deixaram o plenário. Trata-se de uma *restritiva*.

Para separar orações subordinadas adverbiais deslocadas

> *Para repatriar recursos mantidos ilegalmente fora do Brasil*, o contribuinte precisa pagar 15% de Imposto de Renda e 15% de multa sobre o valor regularizado.
>
> (Igor Gadelha, *O Estado de S. Paulo*.)

A oração "Para repatriar recursos mantidos ilegalmente fora do Brasil" funciona como adjunto adverbial da oração seguinte. Vimos anteriormente que a ordem direta dos termos é: sujeito → verbo → complemento → adjunto adverbial. Como essa oração está no início do período, deve vir separada por vírgula.

Veja mais um exemplo:

> É uma situação curiosa que o mar, lugar de onde a primeira vida surgiu, possa agora ser ameaçado pelas atividades de uma forma daquela vida. Mas o mar, *embora tenha mudado de forma espantosa*, continuará a existir. Quem está ameaçada na verdade é a própria vida.
>
> (Rachel Carson, citada no site World's Largest Lesson.)

"Embora tenha mudado de forma espantosa" é uma oração que funciona como adjunto adverbial de "mas o mar continuará a existir". Ela está intercalada. Por essa razão, vem entre vírgulas.

Fique atento!

Nunca separe com vírgula:

→ o sujeito do verbo

Os neologismos criados de forma incessante pela explosão das tecnologias são, desde o nascimento, sem fronteiras.

(Sérgio Correia da Costa, *Palavras sem fronteiras*, p. 26.)

A percepção da importância da palavra para poetas e para diplomatas é correta: o cuidado na escolha das palavras é essencial para causar o efeito que se deseja e evitar ambiguidades.

(Texto de aluno.)

Às vezes, quando há um sujeito muito longo, como nos exemplos dados ("Os neologismos criados de forma incessante pela explosão das tecnologias", "A percepção da importância da palavra para poetas e para diplomatas"), não é incomum que o redator use, inadvertidamente, a vírgula entre o sujeito e o verbo. Esse é um erro que não deve ser cometido.

→ o verbo de seus complementos

> Nada, na história, serve para ensinar aos homens a possibilidade de viverem em paz.
>
> (Paul Valéry)

Note que, nessa frase, o verbo "ensinar" precisa de dois complementos: um indireto ("aos homens") e outro direto ("a possibilidade de viverem em paz"). Em casos assim, é grande a probabilidade de erro no emprego da vírgula, pois tem-se a impressão de que ela seria necessária para separar os dois complementos. Isso, entretanto, não é permitido. Não deve haver vírgula entre o verbo e os complementos, nem entre o complemento direto e o indireto.

Empregue os dois-pontos para antecipar uma ideia

À semelhança do ponto-final, também os dois-pontos indicam uma pausa grande. Mas enquanto o ponto-final remete para algo que já foi dito, encerra uma ideia, os dois-pontos preparam o leitor para a ideia que vem depois. Sugerem antecipação. Podem, mesmo, ser usados como recurso estilístico, indicando uma parada brusca que dá uma certa dramaticidade ao texto.

> História não tem sentido moral. Pior: nada garante que o estudo do passado evite erros do presente, até porque os fatos não se repetem, são sempre únicos.
>
> (Leandro Karnal, *O Estado de S. Paulo*.)

É essa ideia de antecipação que justifica o emprego dos dois-pontos antes de citações, enumerações e esclarecimentos.

> Na casa das palavras, havia uma mesa das cores. Em grandes travessas as cores eram oferecidas e cada poeta se servia da cor que estava precisando: amarelo-limão ou amarelo-sol, azul do mar ou de fumaça, vermelho-lacre, vermelho-sangue, vermelho-vinho...
>
> (Eduardo Galeano, *O livro dos abraços*, p. 19.)

Use ponto e vírgula para sugerir conexão

Stephen Wilbers, em *Keys to Great Writing*, foi muito feliz ao definir o ponto e vírgula: "Se os dois-pontos são uma porta aberta, o ponto e vírgula é uma porta entreaberta. Exige que o leitor pare brevemente antes de prosseguir".

Esse sinal de pontuação indica uma pausa menor que o ponto-final, ligeiramente menor que os dois-pontos e maior do que a vírgula. Mas não é só de pausa que se trata: ele estabelece uma relação estreita entre duas afirmações, principalmente se forem opostas ou indicarem causa e consequência.

O que arde, cura; o que aperta, segura.

(Provérbio português)

Na origem, nada tinha forma no universo; as coisas se misturavam, não se sabia o que era terra, mar ou céu.

(Texto de orelha do livro *Contos e lendas da mitologia grega*)

O ponto e vírgula não é um sinal de pontuação muito popular; seu uso quase se restringe a itens de decretos, leis, portarias e considerandos, como no exemplo abaixo, retirado de um decreto da presidência da República, de 1946, que proibia a prática ou a exploração de jogos de azar em todo o território nacional:

> O Presidente da República, usando da atribuição que lhe confere o artigo 180 da Constituição, e
>
> Considerando que a repressão aos jogos de azar é um imperativo da consciência universal;
>
> Considerando que a legislação penal de todos os povos cultos contém preceitos tendentes a esse fim;
>
> Considerando que a tradição moral jurídica e religiosa do povo brasileiro é contrária à prática e à exploração de jogos de azar;
>
> Considerando que, das exceções abertas à lei geral, decorreram abusos nocivos à moral e aos bons costumes;
>
> Considerando que as licenças e concessões para a prática e exploração de jogos de azar na Capital Federal e nas estâncias hidroterápicas, balneárias ou climáticas

foram dadas a título precário, podendo ser cassadas a qualquer momento:

DECRETA:

[...]

(Decreto-Lei n. 9215)

Apesar de pouco empregado, o ponto e vírgula pode desempenhar uma função importante no texto. Deixar de usá-lo é abrir mão de um recurso de estilo poderoso na escrita. Veja o uso exemplar que Machado de Assis fez desse sinal de pontuação:

> Eu vim cedo para a Corte, donde segui a estudar e bacharelar-me em São Paulo. Voltei uma só vez a Sapucaia para pleitear uma eleição, que perdi.
>
> Rigorosamente, todas estas notícias são desnecessárias para a compreensão da minha aventura; mas é um modo de ir dizendo alguma coisa, antes de entrar em matéria, para a qual não acho porta grande nem pequena; o melhor é afrouxar a rédea à pena, e ela que vá andando, até achar entrada. Há de haver alguma; tudo depende das circunstâncias, regra que tanto serve para o estilo como para a vida; palavra puxa palavra, uma ideia traz outra, e assim se faz um livro, um governo, ou uma revolução; alguns dizem mesmo que assim é que a natureza compôs as suas espécies.
>
> (Machado de Assis, "Primas de Sapucaia!", pp. 119-20.)

Use travessão como recurso de ênfase

Isolado ou aos pares, o travessão indica interrupção — enfática ou não — no fluxo do pensamento. Tem mais força do que a vírgula e que os parênteses. Como na frase que inicia este item: a vírgula poderia ter sido usada para separar a expressão "enfática ou não", mas o duplo travessão lhe deu mais realce.

O travessão é comumente usado para:

→ indicar mudança de interlocutor nos diálogos. Veja um exemplo:

> Meu relógio parou. Pergunto-lhe quantas horas são.
> — Estou sem relógio.
> — Então vou perguntar ao garçom.
> Ele também está sem relógio.
> (Carlos Drummond de Andrade, "Esparadrapo", p. 144.)

→ separar orações intercaladas. Como nestes casos:

> Nasceu, na doce Budapeste, um menino com o coração fora do peito. Porém — *diz um dr. Mereje* — não foi o primeiro. Em São Paulo, há sete anos, também nasceu uma criança assim.
> (Rubem Braga, "Como se fora um coração postiço…", p. 11.)

> Apesar de seu caráter fabuloso, as lendas estavam ligadas à história. Atrás do mito se escondiam acontecimentos relacionados à criação do mundo e à organização dos

> primeiros homens. Para representar o que não se podia conhecer — *porque ocorrera numa* época *demasiado remota ou porque dizia respeito ao domínio sagrado dos deuses* —, imaginaram-se esses mitos, que davam uma visão poética dos primeiros tempos da humanidade.
>
> (Claude Pouzadoux, *Contos e lendas da mitologia grega*, p. 6.)

No último exemplo, há duas orações intercaladas enfatizadas pelo uso do duplo travessão: "porque ocorrera numa época demasiado remota" e "ou porque dizia respeito ao domínio sagrado dos deuses". Assim, o duplo travessão, como recurso de ênfase, pode ser empregado para destacar não só uma expressão, como também uma ou mais orações.

Exemplo de parágrafo bem pontuado, com uso adequado de todos os recursos mencionados:

> As histórias fantásticas de *As mil e uma noites* propiciam uma visão geral dos costumes, da religião e do próprio espírito dos povos do Oriente. Em suas páginas desfilam, com ligeiras variações de tema e linguagem, ricos sultões e vizires em seus suntuosos palácios; as cidades milenares — como Cairo, Bagdá e Damasco —, com suas ruas estreitas, onde vivem incontáveis mercadores de tecidos e tapetes; os costumes sociais e religiosos, as cerimônias de casamento, o ritual das orações diárias, o cotidiano das mulheres sempre protegidas por eunucos. E, por trás de tudo isso, a presença constante do espírito árabe: o gosto pela aventura, o humor simples e ingênuo, o senso de justiça, a certeza

de que o bem vence o mal e, principalmente, a fantasia que enfeita e facilita a realização de muitos dos seus sonhos.

(Julieta de Godoy Ladeira, *As mil e uma noites*, p. 3.)

Seja econômico no uso da exclamação

O uso sem critério do ponto de exclamação compromete sua finalidade. Escritores experientes, em geral, procuram outras maneiras de demonstrar entusiasmo, valendo-se de mudanças na estrutura das frases ou de palavras que já encerram esse estado de espírito.

Situações em que seu uso é recomendável ou mesmo indispensável:

Depois de interjeições

— Quais são os símbolos da Pátria?
— Que Pátria?
— Da nossa Pátria, ora bolas!
— Não me lembro de todos.

(Paulo Mendes Campos, "O despertar da montanha", p. 12.)

Uau! Isso não é pouca coisa! Veja só: Há dez séculos os europeus acreditavam que era o Sol que girava em torno da Terra, e não o contrário.

(Almanaque do Ipem)

Tendo sido utilizadas com o sinal de exclamação, as interjeições "Ora bolas!" e "Uau!" deram conta de expressar a carga emotiva adequada a cada situação: desagrado e admiração, respectivamente.

Depois de onomatopeias

> Paulo se voltou para a vaca, que já ia passando ao largo:
> — Buuu! — fez com desprezo.
>
> (Paulo Mendes Campos, "A verdadeira história de pio", p. 38.)

> [...] o cocheiro e o condutor cuidaram de desatrelar a parelha para levá-la ao outro lado do carro; aproveitei a ocasião e murmurei baixinho entre os dois burros:
> — Houyhnhnms!
> Foi um choque elétrico. Ambos deram um estremeção, levantaram as patas e perguntaram-me cheios de entusiasmo:
> — Que homem és tu, que sabes a nossa língua?
>
> (Machado de Assis, "Os bondes elétricos", p. 27.)

"Buuu!" e "Houyhnhnms!" são onomatopeias, ou seja, uma reprodução aproximada de sons, no caso, vozes de animais. Também aqui a exclamação contribui para melhor expressar a intenção do escritor.

Depois de verbos no imperativo

> Acordei minha mulher, assustado.
> — Olha! Tá... pingando!
> — Calma... É um mal paulistano. Todos os nossos canos são furados.
>
> (Marcos Rey, "O pingo", p. 20.)

O imperativo, diferentemente do que o nome pode sugerir, não serve apenas para indicar ordem, mas também, conselho, solicitação, súplica, sugestão. A forma verbal "olha" está no imperativo: o marido faz um pedido para a mulher. O uso da exclamação em casos assim ajuda a acentuar a inflexão da voz.

A exclamação tem lugar cativo em textos descontraídos, como os trocados entre amigos nas redes sociais, onde dividem espaço com os já citados emoticons. E não é sem motivo que esse tipo de pontuação está praticamente ausente em textos informativos, comerciais, científicos e jurídicos.

Segundo os gramáticos Celso Cunha e Lindley Cintra, o ponto de exclamação:

> É o sinal que se pospõe a qualquer enunciado de entoação exclamativa. Mas, como a melodia das exclamações apresenta muitas variedades, o seu valor só pode ser depreendido do contexto. Cabe, pois, ao leitor a tarefa, extremamente delicada, de interpretar a intenção do escritor; de recriar, com apoio em um simples

> sinal, as diversas possibilidades de inflexão exclamativa e, em cada caso, escolher dentre elas a mais adequada — se se trata de uma expressão de espanto, de surpresa, de alegria, de entusiasmo, de cólera, de dor de súplica, ou de outra natureza.
>
> (*Nova gramática do português contemporâneo*, pp. 671-2.)

Use reticências para deixar o pensamento em suspenso

Às vezes, o que se quer é sugerir, é deixar por conta do leitor a produção de sentido. Dúvidas, surpresas, hesitações, incertezas podem ser mais bem expressas quando não colocadas claramente no texto. Nesse caso, as reticências cumprem o papel de indicar que algo está subentendido, como neste exemplo:

> "O samba tem uma qualidade excelente, mas ele não tem a necessária mídia que deveria. O samba raiz tem divisão marcante, não atrasa, nem adianta, por isso ele fica gostoso. Tem muito sambista de qualidade que faz isso, mas que devia ter maior propagação e não tem. Ai se eu tivesse um programa de samba..."
>
> (Germano Mathias, citado por Murilo Roncolato, Ariel Tonglet e Guilherme Prado, *Nexo*.)

Ou neste:

E agora prepare-se o leitor para o mesmo assombro em que ficou a vila, ao saber que os loucos da Casa Verde iam todos ser postos na rua.

— Todos?

— Todos.

— É impossível; alguns, sim, mas todos...

(Machado de Assis, "O alienista", p. 147.)

Em textos não ficcionais, esse recurso deve ser usado com parcimônia. Entretanto, em textos literários — caso do último exemplo — é bastante utilizado e contribui para expressar emoção e subjetividade. As reticências são largamente empregadas, por exemplo, por Guimarães Rosa, provocando efeitos de sentido bastante interessantes. No dizer de Aira Suzana Ribeiro Martins, professora da Uerj, que examinou a pontuação na obra desse escritor: "Esse tipo de desenho textual leva o leitor a recompor a cena com som e movimento, dando sentido ao texto".

Viver é muito perigoso...

(Guimarães Rosa, *Grande sertão: Veredas*, p. 13.)

7

Rever e reescrever: passo indispensável

"A reescrita é a essência do escrever bem." "Não é a escrita que vence o jogo, mas a reescrita." Essas são afirmações de William Zinsser com as quais concordamos inteiramente.

Muitas pessoas pensam que os escritores profissionais não precisam trabalhar o texto. Que ele já sai pronto e acabado. Ledo engano: em geral, eles escrevem e reescrevem o mesmo trecho diversas vezes. Sobram relatos de escritores que afirmam reescrever incansavelmente, e que valorizam muitíssimo essa fase do trabalho, pois é aí que o texto ganha corpo, apuro, personalidade. Quem não entender que a escrita é um processo e não um produto nunca conseguirá escrever bem.

Mas em que constitui a reescrita? Seria começar tudo de novo, escrevendo diferentes versões para escolher uma delas? Em geral, não. O que se faz são ajustes finos do material bruto que se tem em mãos: cortar palavras desnecessárias, substituir palavras por outras mais precisas, inverter a ordem de algumas frases, deixar mais claras as conexões entre as ideias, dividir períodos muito longos, dar mais ritmo e cadência ao texto, entre outros procedimentos. Tudo isso já foi visto em detalhes nos capítulos anteriores. Aqui se trata de pôr esses princípios em prática.

O que deve ser observado

Verifique se o tipo de texto escolhido foi o mais adequado para expressar o que você tinha em mente

A boa escrita deve ser clara, simples, concisa, consistente e coerente. São esses atributos que precisam ser avaliados no momento da revisão e da reescrita.

No capítulo 1, você viu a importância de selecionar um tipo de texto. Se a ideia era contar uma história, você se preocupou em criar tensões de modo a garantir o interesse do leitor? Se queria descrever uma cena, deu atenção aos detalhes? Foi criterioso na oferta de informações? Procurou mostrar mais do que contar? Se a intenção era convencer alguém de algo, teve o cuidado de utilizar argumentos bem fundamentados? E assim por diante.

Certifique-se de que o texto esteja de acordo com o leitor

Ainda no capítulo 1, vimos que quem escreve, escreve para alguém ler. É muito importante que a escrita esteja adequada ao leitor que você tem em mente. Verifique, então, se o registro escolhido — formal ou informal — foi seguido coerentemente durante todo o desenvolvimento; se o vocabulário foi adequado; se o nível de aprofundamento atingido era o desejado.

Lembramos, mais uma vez, que as palavras têm o poder de aproximar ou de afastar, incluir ou excluir. Tenha cuidado com elas. Não explique demais, pois pode aborrecer o leitor, mas fique atento para não superestimar nem subestimar os conhecimentos de quem vai ler seu texto.

Avalie a quantidade e a qualidade da informação

Terminada a primeira versão do texto, use a releitura para avaliar:

→ se todas as informações são relevantes;
→ se há material em excesso;
→ se estão faltando dados importantes;
→ se as afirmações estão corretas;
→ se as definições estão completas.

Pense sempre no leitor, pois é para ele que você está escrevendo. Uma sugestão que dá bons resultados é pôr entre parênteses palavras, expressões ou até frases inteiras que parecem supérfluas e ler o texto novamente, omitindo o que foi marcado. Funciona? Soa melhor? Faz sentido? Se a resposta for sim, tudo indica que é melhor cortar.

Se, pelo contrário, perceber que as informações estão insuficientes, se foram anunciados efeitos sem esclarecer as causas, se os dados fornecidos estão imprecisos, se as definições estão circulares ou incompletas, está na hora de começar a reescrever o trecho.

Confira se lançou mão de recursos que poderiam ajudar seu leitor

No capítulo 2, abordamos diversos modos de desenvolvimento do texto que servem de apoio para quem vai ler, como citar exemplos e usar analogias, metáforas e comparações. Não utilizá-los, principalmente em assuntos mais complexos, é deixar seu leitor à deriva, quando você poderia fornecer-lhe um leme.

Exemplifique, compare, use imagens. Tudo vale quando o objetivo é deixar o texto mais claro.

Atente para a coesão e a coerência do texto

A ideia central e as ideias secundárias estão sequenciadas de maneira adequada? Estão organizadas de modo a facilitar a compreensão do leitor? Você se preocupou em escrever em parágrafos? Eles estão bem divididos? Os períodos estão muito longos? Há períodos curtos demais? Estão repetitivos? Há uma sequência lógica entre eles?

Se necessário, volte ao capítulo 2: ali destrinchamos as características de um parágrafo bem redigido, realçando a unidade, a coerência e a consistência como suas qualidades mais importantes.

Confira ainda: seus parágrafos apresentam uma ideia central, genérica, seguida de explicações? Estão bem encadeados, tornando o texto coeso e coerente? Sua argumentação obedeceu a uma progressão lógica? (Esses aspectos foram tratados no capítulo 5.)

Cheque o emprego das vozes dos verbos

A forma assumida pelo verbo em relação ao seu sujeito é determinante na elaboração de um texto. Lembre que, como foi explorado no capítulo 3, se a intenção é enfatizar o agente, a melhor escolha é a voz ativa; se o paciente da ação é que merece destaque, a voz passiva é a recomendada.

Por ser direta, curta e vigorosa, a voz ativa é mais frequentemente encontrada nos textos. Mas a passiva tem seu espaço, basta que seja escolhida para a situação certa.

Preste atenção a possíveis ambiguidades

Acertar na ordem das palavras na frase e no emprego de pronomes e preposições nem sempre é fácil. Muitas vezes é daí que surgem as ambiguidades, que só são percebidas no momento da releitura. Verifique esse item com cuidado, pois é absolutamente necessário desfazer possíveis enganos de sentido. Pode ser que uma simples reordenação das palavras resolva, mas também pode ser necessário reescrever todo o trecho.

Esse é um momento da releitura que precisa de toda a sua atenção.

Confira se optou pelos procedimentos mais adequados

Nos capítulos 3 e 4, foram sugeridos caminhos a seguir e procedimentos a evitar. Veja se o seu texto não incorreu em problemas que poderiam ser evitados: Você citou a fonte de suas afirmações, quando disponíveis? Tomou cuidado com a quantidade de comentários pessoais? Prestou atenção às redundâncias? Cuidou para não empregar jargões e termos esnobes? E quanto aos estrangeirismos? E às palavras da moda? Faça uma lista de verificação no momento da releitura, pois muita coisa passa despercebida.

Verifique se as frases têm estruturas simétricas

A falta de paralelismo é um problema bastante comum, em geral não percebido no momento da escrita. Rever o texto focando nesse aspecto particular das frases é importante, porque nesse momento, em que a argumentação já está construída, fica mais fácil atentar para a forma. Corrigir possíveis deslizes de paralelismo contribui para aumentar a fluidez e a coerência do seu texto, e melhorar seu estilo.

Corrija possíveis erros gramaticais

Embora a gramática não tenha sido objeto deste livro, é óbvio que escrever bem implica escrever corretamente. Para isso, uma das etapas da revisão deve, necessariamente, visar à checagem de erros relacionados a:

- → ortografia;
- → acentuação gráfica;
- → concordância;
- → regência;
- → pontuação.

Lembrando que a tendência é ler o que está na cabeça e não exatamente o que está escrito, é nessa hora que a atenção tem de ser redobrada para identificar troca ou falta de letras ou sílabas, enganos no uso de preposições, emprego de letra maiúscula ou minúscula, entre outros pequenos tropeços.

Contar com bons dicionários e boas gramáticas é de grande valia.

Leia em voz alta para verificar o ritmo e a cadência do texto

É neste momento que entra em cena com mais vigor o seu modo de escrever.

Soar verdadeiro, ser você mesmo, é uma das regras fundamentais do estilo. Não adianta florear e tentar escrever de um jeito que não é o seu, pois o leitor percebe.

A leitura em voz alta ajuda em todas as fases da revisão e da reescrita, mas é especialmente importante quando se quer ter certeza de que o texto tem um bom ritmo, de que não há palavras cujos sons colidem uns com os outros, dando origem a cacofonias ou a assonâncias desagradáveis, se estão rimando onde não deviam, entre outras inadequações.

Veja o que disse a jornalista e escritora Eliane Brum a esse respeito:

> Algo que funciona muito para mim é ler em voz alta prestando bem atenção no que escuto. Em voz alta, conseguimos perceber onde o texto perde o ritmo ou onde sobram palavras ou onde a frase está mal resolvida. As repetições e truncamentos gritam numa leitura em voz alta.
>
> (Depoimento dado a Camilo Rocha, *Nexo*.)

Dê uma atenção especial à pontuação. Observe se os deslocamentos e as intercalações estão separados por vírgulas ou travessões; se há vírgulas incorretas separando o sujeito do verbo e o verbo de seus complementos; se você usou vírgula onde era melhor colocar um ponto-final. São esses elementos que dão ritmo e cadência ao texto e, ouvindo o que escreveu, você poderá perceber melhor se o texto está agradável, se flui bem, se tem o tom que você queria dar à sua escrita.

A reescrita na prática

Revisão implica paciência e tempo. É ir e vir muitas e muitas vezes, tentar caminhos, voltar atrás, fazer e refazer.

Para mostrar como isso é verdadeiro, vamos analisar um texto que foi revisto e reescrito mais de uma vez. Trata-se de um excerto retirado de uma redação escrita por um candidato a um concurso público:

> O Brasil é consequência da miscigenação dos povos. Para compreender o Brasil moderno, um dos legados mais importantes é o da cultura portuguesa. Dessa forma, diversas peculiaridades dos indivíduos e governantes brasileiros podem ser explicadas por meio da análise histórica aprofundada das idiossincrasias de Portugal. O personalismo, a tendência ao irracionalismo da população e a dificuldade de organização são particularidades apresentadas por Sérgio Buarque de Holanda, em *Raízes do Brasil*, como legados portugueses e são primordiais para esclarecer a extrapolação do privado para o público no Brasil, a qual ajuda a compreender o sistema administrativo corrupto e burocrático que retrocede o país.

O parágrafo é formado por quatro períodos:

1. O Brasil é consequência da miscigenação dos povos.
2. Para compreender o Brasil moderno, um dos legados mais importantes é o da cultura portuguesa.

3. Dessa forma, diversas peculiaridades dos indivíduos e governantes brasileiros podem ser explicadas por meio da análise histórica aprofundada das idiossincrasias de Portugal.
4. O personalismo, a tendência ao irracionalismo da população e a dificuldade de organização são particularidades apresentadas por Sérgio Buarque de Holanda, em *Raízes do Brasil*, como legados portugueses e são primordiais para esclarecer a extrapolação do privado para o público no Brasil, a qual ajuda a compreender o sistema administrativo corrupto e burocrático que retrocede o país.

Observe o quarto período. Ele está longo demais, dificultando a compreensão. Com ligeira adaptação, ele poderia, facilmente, ser dividido em dois. Assim:

> O personalismo, a tendência ao irracionalismo da população e a dificuldade de organização são particularidades apresentadas por Sérgio Buarque de Holanda, em *Raízes do Brasil*, como legados portugueses. Tais características são primordiais para esclarecer a extrapolação do privado para o público no Brasil, a qual ajuda a compreender o sistema administrativo corrupto e burocrático que retrocede o país.

No entanto, só alterar a pontuação não foi suficiente para melhorar de fato o texto, que trata de um assunto complexo, em linguagem sofisticada.

Assim, além de modificar a pontuação, algumas mudanças podem ser feitas para torná-lo mais facilmente compreensível:

> O Brasil é resultado da miscigenação de diversos povos. Dentre eles, e com bastante relevância, está o português, cuja cultura nos ajuda a compreender o Brasil moderno. Dessa forma, diversas peculiaridades tanto dos indivíduos em geral como dos governantes brasileiros podem ser explicadas por meio da análise histórica aprofundada das idiossincrasias de Portugal. Como afirma Sérgio Buarque de Holanda, em *Raízes do Brasil*, o personalismo, a tendência ao irracionalismo e a dificuldade de organização da população são particularidades que nos foram legadas pelos portugueses. Essas características são primordiais para esclarecer a falta de distinção entre o público e o privado em nosso país, o que ajuda a compreender o sistema administrativo corrupto e burocrático que faz a nação retroceder.

Observe que, no primeiro período, a palavra "consequência" foi substituída por "resultado", e "miscigenação dos povos" por "miscigenação de diversos povos", pois a presença do artigo definido "os" (em "dos") pressupõe uma referência anterior, que não estava no texto.

O segundo período foi totalmente reescrito: para deixar clara a conexão entre o primeiro e o segundo período, foi acrescentada a expressão "dentre eles", que indica que se está falando de um dos diversos povos mencionados anteriormente. Também foi ressaltado o papel da cultura portuguesa, expresso com menos clareza na versão original.

No terceiro, foi incluída a expressão relacional "tanto... como", que evidencia a igual importância dos elementos citados: indivíduos e governantes.

No quarto período, certamente o aluno utilizou a obra de Sérgio Buarque de Holanda como argumento de autoridade. Transferindo a referência para o início da frase, esse recurso ganhou ênfase. Faltava ainda deixar claro que "a dificuldade de organização" também é atribuída à população, e não apenas o personalismo e a tendência ao irracionalismo. A mudança de posição resolveu o problema.

O quinto e último período só pôde ser construído pela inserção de "tais características", que resume o que foi afirmado no período anterior. Na reescrita, ao ler em voz alta, ficou evidenciado que havia uma rima interna (tais/primordiais), desagradável ao ouvido. A solução foi usar "essas" em vez de "tais". "Extrapolação do privado para o público" é menos claro que "falta de distinção entre o público e o privado". Daí a troca. Também por ser mais agradável ao ouvido, substituiu-se "a qual" por "o que". Por fim, o sistema não retrocede o país, e sim o faz retroceder.

Para não ficar apenas em textos alheios, compartilhamos com você nossas idas e vindas enquanto escrevíamos este capítulo. E não se trata de revisão do primeiro esboço, mas de um texto que já havia assumido uma forma mais próxima da final.

~~1.~~ Verifique se o tipo de texto escolhido foi o mais adequado para expressar **o que você tinha em mente**

~~Tenha sempre em mente que a~~ A boa escrita deve ser clara, simples, concisa, consistente~~, precisa~~ e coerente. São esses atributos que precisam ser avaliados no momento da revisão e da reescrita.

~~Retome o que foi visto no item 5 do capítulo 1.~~ No capítulo 1, você viu a importância de selecionar um tipo de texto. Se a ideia era contar uma história, você se preocupou em criar tensões de modo a garantir o interesse do leitor? Se queria descrever uma cena, ~~preocupou-se com os~~ deu atenção aos detalhes? Foi criterioso na oferta de informações? Procurou mostrar mais do que contar? Se a intenção era convencer alguém de algo, teve o cuidado de utilizar argumentos bem fundamentados? E assim por diante.

~~2.~~ Certifique-se de que o texto esteja ~~adequado ao~~ de acordo com o leitor

~~Como vimos no item 6 do~~ Ainda no capítulo 1, vimos que quem escreve, escreve para alguém ler. É muito importante que a escrita esteja adequada ao leitor que você ~~tinha~~ tem em mente. Verifique, então, se o registro escolhido — formal ou informal — foi seguido coerentemente durante todo o ~~texto~~ desenvolvimento; se o vocabulário foi adequado; se o nível de aprofundamento atingido era o desejado.

Lembramos, mais uma vez, que as palavras têm

o poder de aproximar ou de afastar, incluir ou excluir. Tenha cuidado com elas. Não explique demais, pois pode aborrecer o leitor, mas fique atento para não superestimar nem subestimar os conhecimentos de quem vai ler seu texto.

~~3.~~ Avalie a quantidade e a qualidade da informação

~~A primeira~~ Terminada a primeira versão do texto, use a releitura ~~pode ter como foco~~ para avaliar ~~se~~:

- se todas as informações são relevantes;
- se há material em excesso;
- se estão faltando dados importantes;
- se as afirmações estão corretas;
- se as definições estão completas.

Pense sempre no leitor, pois é para ele que você está escrevendo. Uma sugestão que dá bons resultados é pôr entre parênteses palavras, expressões ou até frases inteiras que parecem supérfluas e ler o texto novamente, ~~retirando~~ omitindo o que foi marcado. Funciona? Soa melhor? Faz sentido? Se a resposta for sim, tudo indica que é melhor cortar.

Se, pelo contrário, perceber que as informações estão insuficientes, se foram anunciados efeitos sem esclarecer as causas, ~~se falta clareza nas explicações~~ se os dados fornecidos estão imprecisos, se as definições estão circulares ou incompletas, está na hora de começar a reescrever o trecho.

Dúvidas recorrentes

Qual é o certo?

Muitas são as dúvidas que acometem as pessoas que se preocupam em escrever corretamente, pois a língua é viva e está em constante mudança. Na verdade, não é nada fácil afirmar que isto ou aquilo está certo ou errado, pois diversos usos inadmissíveis tempos atrás já constam de dicionários e gramáticas, ainda que isso possa não ser do conhecimento de muita gente. Nosso propósito não é dar a última palavra sobre o assunto. Coerentemente com o que foi feito em toda a obra, também nesta seção nos propomos a mostrar diferentes lados, porém dando indicações de usos preferenciais, dependendo do contexto e da intenção de quem escreve.

O critério utilizado para selecionar as dúvidas apresentadas aqui, organizadas em ordem alfabética, foi puramente estatístico: as trinta mais frequentes observadas em nossa prática profissional.

À custa de × às custas de

Neste caso, deve-se preferir a forma "à custa de", quando significar "com sacrifício", "com esforço", "com o dinheiro de", "graças a".

→ *À custa de* muito trabalho, conseguiu comprar uma casa.
→ Tem quase quarenta anos e ainda vive *à custa dos* pais.

Os gramáticos tradicionais afirmavam que a expressão "às custas de" só poderia ser empregada quando fizesse referência às despesas de um processo judicial.

No entanto, você não incorrerá em erro gramatical se empregar a expressão pluralizada. O *Dicionário Houaiss da língua portuguesa* já registra as duas possibilidades.

A meu ver × ao meu ver

Nenhuma das duas formas está errada, do ponto de vista gramatical. A questão é que o artigo definido é facultativo antes do pronome possessivo. Logo, não há necessidade de empregá-lo neste caso.

Dar preferência à forma "a meu ver" é mais coerente com a ideia de que a concisão é uma qualidade da escrita. A frase fica mais enxuta e elegante sem o artigo antes do possessivo.

A meu ver, esse problema não tem solução.

Alugam-se casas × aluga-se casas

Placas com dizeres como "Aluga-se casas", "Conserta-se bicicletas", "Aceita-se encomendas" estão espalhadas por todos os lugares. Do ponto de vista da norma culta, elas estão incorretas, pois o verbo não está concordando com o sujeito. Nesses casos, o verbo é transitivo direto e está na voz passiva, pois equivalem a "Casas são alugadas", "Bicicletas são consertadas", "Encomendas são aceitas".

As formas gramaticalmente corretas seriam:

→ *Alugam-se* casas.
→ *Consertam-se* bicicletas.
→ *Aceitam-se* encomendas.

Vale comentar que essa rigidez é combatida pelos linguistas, que argumentam que nessas orações o sujeito do verbo não é "casas", "bicicletas", "encomendas", mas está indeterminado, pois não se sabe quem aluga, quem conserta ou quem aceita. Logo, esses verbos devem ficar no singular. No entanto, se você tiver de fazer uma prova num concurso, não arrisque. Opte pela norma culta.

Essa questão leva a uma outra dificuldade, relacionada a problemas de concordância: "Trata-se de questões espinhosas" ou "Tratam-se de questões espinhosas"?

Neste caso, como o verbo "tratar" é transitivo indireto, não há expressão equivalente na voz passiva. O sujeito é indeterminado e o complemento verbal é objeto indireto. A única forma possível é usar o verbo no singular:

Trata-se de questão(ões) espinhosa(s).

Anexo / em anexo / no anexo

As três expressões são aceitas do ponto de vista gramatical.

Alguns gramáticos, como Napoleão Mendes de Almeida e Domingos Paschoal Cegalla, condenaram o uso de "em anexo" ou "no anexo", alegando que "anexo" só pode ser empregado como adjetivo.

O fato é que, segundo Sérgio Rodrigues, em *Viva a língua brasileira*, já existe registro de "anexo" como substantivo desde 1378.

Quando for empregado como *adjetivo*, "anexo" deve concordar com o substantivo a que se refere:

→ *Anexo* segue o *documento*.
→ *Anexos* seguem os *documentos*.
→ *Anexas* seguem as *fotos*.

Como *substantivo* fica invariável:

→ *Em anexo* seguem os documentos.
→ Os documentos estão *no anexo*.

Ao encontro de × de encontro a

"Ao encontro de" significa "em favor de", "em direção a"; "de encontro a" é o seu oposto: indica "oposição", "ação contrária".

- → As atitudes da mãe vão *ao encontro das* necessidades dos filhos.
- → Suas opiniões vão *de encontro* às minhas.

A confusão entre as duas formas é bastante frequente, mesmo por pessoas que fazem bom uso da língua. Portanto, tome cuidado para não expressar exatamente o contrário do que você pretende.

Ao invés de × em vez de

Essas expressões, muitas vezes utilizadas como equivalentes, não são exatamente sinônimas. "Ao invés de" é igual a "ao contrário de"; "em vez de" significa "no lugar de".

- → *Ao invés de* falar, podia calar-se um pouco.
- → *Em vez de* pagar com cartão, preferiu cheque.

Daí decorre que é possível empregar "em vez de" no lugar de "ao invés de", mas a recíproca não é verdadeira. Assim, pode-se dizer: "Em vez de falar, podia calar-se um pouco". Mas não é correto dizer: "Ao invés de pagar com cartão, preferiu cheque".

Para não incorrer em erro, use sempre "em vez de".

Através de × por meio de

De acordo com gramáticas e dicionários respeitáveis, a expressão "através de" é sinônima de "por meio de", "por intermédio de". Pode ser empregada tanto em sentido físico ("O sol incide através da janela") quanto figurado ("Aprendo português através de textos").

Não há mais nenhuma razão para limitar o emprego de "através de" apenas ao sentido concreto ou literal.

Concordância do verbo "haver"

O verbo "haver", no sentido de existir, é empregado sempre na terceira pessoa do singular:

→ *Houve* muitas reclamações trabalhistas de funcionários terceirizados.

→ *Havia* jardins, *havia* manhãs naquele tempo.
(Carlos Drummond de Andrade, "Lembrança do mundo antigo", p. 43.)

Quando o verbo "haver" faz parte de uma locução verbal, observa-se a mesma construção:

→ *Deve haver* muitas reclamações trabalhistas.

→ *Vai haver* poucos feriados no ano que vem.

Nesses dois exemplos, o verbo "haver" não pode ser flexionado. Então o verbo auxiliar ("dever", "ir") fica no singular.

Aqui é importante tomar cuidado, pois, se em vez de empregar o verbo "haver" for usado o verbo "existir", a concordância precisa ser feita.

→ *Existiram* muitas reclamações trabalhistas de funcionários terceirizados.
→ *Existiam* jardins, *existiam* manhãs naquele tempo.
→ *Devem existir* muitas reclamações trabalhistas.
→ *Vão existir* poucos feriados no ano que vem.

Constar de × constar em

No sentido de "estar incluído, mencionado, registrado", o uso mais tradicional e considerado mais correto pelos puristas é "constar em", mas atualmente já se admite também a forma "constar de".

→ Seu parecer *consta nos* anais do Congresso.
→ Seu parecer *consta dos* anais do Congresso.

Dado / visto / haja vista

As formas "dado" e "visto" concordam em gênero e número com o substantivo a que se referem:

→ *Dado o resultado*, cancelaram as novas contratações.
→ *Dadas as circunstâncias*, resolveram calar-se.
→ *Visto o recurso* interposto, aguardemos novas decisões.
→ *Vistas* as *provas*, deu-se prosseguimento ao inquérito.

A expressão "haja vista", no sentido de "uma vez que", "veja-se", é sempre invariável.

O diretor da empresa agiu muito mal. *Haja vista* os comentários feitos pelos funcionários.

Demais × de mais

A palavra "demais" é um advérbio; corresponde a "demasiadamente":

Sua atuação agradou *demais* aos espectadores.

Já a expressão "de mais" é o oposto de "de menos":

→ Colocou sal *de mais* na salada.
→ Não vejo nada *de mais* nos quadros desse pintor.

Despercebido × desapercebido

Este é um bom exemplo de dinamismo da língua. Até não muito tempo atrás, o termo "despercebido" era limitado ao sentido de "passar sem ser notado; e "desapercebido" significava "estar desprevenido, despreparado, sem provisões".

→ Aquele funcionário passava *despercebido* no escritório.
→ O ladrão viu-a *desapercebida* e roubou-lhe o celular.

No entanto, hoje, dicionários importantes como o *Houaiss* consideram essas duas palavras como sinônimas. Cabe uma ressalva: ainda há quem considere isso um erro. Portanto, em situações em que se exige conhecimento da norma culta, melhor seguir o uso tradicional.

Em face de × face a

Segundo alguns gramáticos, "frente a" e "face a" são frutos de traduções apressadas e malfeitas. Melhor evitá-las. Prefira sempre "em face de" ou "diante de".

> O relator argumenta que a institucionalização, por meio de previsão constitucional, um sistema nacional de defesa civil, com o objetivo de planejar, articular e coordenar as ações nesse setor, dará perenidade às suas ações. Essa perenidade, argumenta, é necessária "*em face da* maior frequência

dos desastres naturais geradores de estado de calamidade pública e de sua ocorrência em todas as regiões brasileiras". (Portal Senado Notícias)

Diante dos problemas com o chefe, resolveu demitir-se.

Em nível de × a nível de

O emprego da expressão "a nível de" quando substitui "quanto a", " em relação a", "no que concerne", entre outras, apesar de muito frequente, é inadequado. Talvez por considerá-la mais "chique" e "sofisticada", chegou-se ao cúmulo de dizer: "Fulano tem problemas *a nível de* coração" ou "Isso não vale *a nível de* resposta".

Nos dois casos, a expressão "a nível de" é totalmente dispensável: no primeiro, pode-se dizer simplesmente "Fulano tem problemas de coração (ou cardíacos)"; no segundo, "Isso não vale como resposta".

Pode-se empregar "em nível de" ou simplesmente "em nível" quando existe a ideia de hierarquia ou âmbito. Por exemplo:

→ Esse problema só se resolve *em nível de* direção.
→ Tais tributos só podem ser cobrados *em nível* municipal.

Observação importante: a expressão "ao nível do mar" está perfeitamente correta.

Muitas cidades que estão *ao nível do mar* correm o risco de desaparecer.

Enquanto × enquanto que

Apesar de bastante utilizado atualmente, o "que" depois da conjunção "enquanto" é totalmente dispensável. Segundo alguns gramáticos, tal uso se deve à semelhança com a expressão "ao passo que" ou à influência do francês "*pendant que*" ou "*tandis que*". Recomenda-se, portanto, que seja eliminado. Assim:

→ Ele passeava *enquanto* sua esposa trabalhava.
→ Você obteve sucesso *enquanto* eu fui um fracasso.

Ganho × ganhado / gasto × gastado / pago × pagado / pego × pegado

Alguns verbos em português têm duas formas no particípio, uma regular, outra irregular: imprimido, impresso; acendido, aceso; prendido, preso; ganhado, ganho; gastado, gasto etc.

Em geral, emprega-se o particípio regular (formas terminadas em "-ado" ou "-ido") na *voz ativa* com os verbos auxiliares "ter" ou "haver".

→ Os policiais já tinham *prendido* o ladrão.
→ As crianças haviam *acendido* a lâmpada do quarto.

O particípio irregular (preso, ganho, pego etc.) é empregado na *voz passiva* com os auxiliares *ser* e *estar*.

→ O ladrão foi *preso*.
→ A lâmpada está *acesa* há horas.

Essa é a regra geral, que vale para a grande maioria dos verbos. No entanto, os verbos "ganhar", "gastar", "pagar" e "pegar" podem admitir as duas formas, principalmente na *voz ativa*. A escolha fica a seu critério, pois é uma questão de estilo. Assim:

→ Ele tinha *ganhado* (ou *ganho*) na loteria.
→ Os herdeiros haviam *gastado* (*gasto*) todo o dinheiro.
→ Os inquilinos tinham *pagado* (*pago*) o aluguel.
→ A polícia tinha *pegado* (*pego*) o assaltante.

Entretanto na voz passiva, esses verbos devem ser empregados conforme a regra geral, ou seja, com o particípio irregular.

→ O dinheiro foi *ganho* com esforço.
→ O dinheiro foi *gasto* moderadamente.
→ A conta foi *paga* pelo anfitrião.
→ O assaltante foi *pego* logo após a fuga.

Há... atrás

Quando queremos fazer referência a um tempo passado, empregamos o verbo "haver", que pode indicar tempo decorrido.

→ Moro em Recife *há* dois anos. (Faz dois anos que moro em Recife.)
→ Estive em Recife *há* dois anos. (Faz dois anos que estive em Recife.)

Neste último caso, pode-se dizer também:

Estive em Recife dois anos *atrás*.

É bastante comum, principalmente na linguagem falada, o emprego do verbo "haver" e do advérbio "atrás" na mesma oração, como:

Estive em Recife *há* dois anos *atrás*.

Como se pode notar, há uma redundância: tanto "haver" como "atrás" indicam tempo decorrido. Logo, não há justificativa para o uso dos dois termos. Apenas um deles já dá conta da indicação do passado.

→ Entrei neste escritório *há* cinco meses.
→ Entrei neste escritório cinco meses *atrás*.

Implicar × implicar em

O verbo "implicar", no sentido de "ter como consequência", "originar", "acarretar", "requerer", é transitivo direto, isto é, não pede preposição. Veja:

→ Qualquer rasura *implica* a anulação da prova.
→ Essa medida governamental *implica* prejuízos futuros.
→ O combate à corrupção *implica* medidas enérgicas.

No entanto, o emprego da preposição "em" depois do verbo "implicar" tem sido cada vez mais comum na linguagem falada e em alguns textos escritos. Veja:

→ Inclusão *implica* em transformação.
(Site da Associação Amigos Metroviários dos Excepcionais — AME)
→ Salário pago por fora pode *implicar em* sonegação aos direitos trabalhistas.
(Site Previdência Total)

Infinitivo flexionado × não flexionado

Flexionar ou não flexionar o infinitivo não é algo que se resolva seguindo regras gramaticais. Há algumas indicações de uso, mas, na maioria das vezes, você tem a liberdade de optar pela forma que lhe parecer mais adequada.

Geralmente o infinitivo é flexionado:

- Quando se quer indeterminar o sujeito, empregando-o na terceira pessoa do plural.

  Ouvi *comentarem* que o verão vai ser quente demais este ano.

- Quando vem precedido de uma preposição e seu sujeito não está expresso claramente.

  Venha à reunião amanhã para *decidirmos* juntos o que deve ser feito.

- Quando, num período, o sujeito da segunda oração é diferente do sujeito da primeira.

  Vi os meninos *pularem* o muro.

Essa frase tem dois verbos: "vi" e "pularem"; o sujeito de "vi" é "eu" (oculto); o de "pularem" é "os meninos". Por isso, foi usado o infinitivo flexionado. Esse uso conferiu certa ênfase à ação dos meninos. Nada impede, no entanto, de usar o infinitivo não flexionado:

Vi os meninos *pular* o muro.

A escolha da forma flexionada é preferível quando se quer enfatizar o agente da ação expressa pelo verbo.

De acordo com Celso Cunha, o emprego do infinitivo

flexionado não é "seletivo, mais do terreno da estilística do que, propriamente, da gramática".

Inicializar x iniciar

A palavra "inicializar", bastante empregada quando se trata de tecnologia, vem do inglês. É um anglicismo.

> Não é algo incomum e você já deve ter percebido que, conforme o tempo passa, seu Windows leva cada mais tempo para *inicializar*.
>
> (Site Techmundo)

Nesse contexto, já consagrado, não há por que evitá-la. Entretanto, em outras situações, não há justificativa para seu emprego, já que existe, na língua portuguesa, o verbo "iniciar", exatamente com o mesmo significado.

Uso de "lhe" como objeto direto

Na norma culta, o pronome "lhe" exerce a função de objeto indireto.

> Enviei-*lhe* a correspondência.

"A correspondência" é o objeto direto e o pronome

"lhe" — que está no lugar de "a ele", "a ela", "a você" — é objeto indireto.

Entretanto, na linguagem falada e mesmo na escrita, esse pronome vem sendo empregado como objeto direto:

→ Eu *lhe* adoro.
→ Não *lhe* conheço.
→ Eu vejo isso de maneira objetiva: um agente governamental solicitou interferência de outro numa decisão técnica que *lhe* beneficiaria em caráter pessoal.

(Marcelo Calero em entrevista ao jornal *Folha de S.Paulo*.)

Os verbos "adorar", "conhecer" e "beneficiar" são transitivos diretos: adoro você, conheço você, beneficio você.

Na norma culta, as formas mais adequadas seriam:

→ Eu o (a) adoro.
→ Não a (o) conheço.
→ Eu vejo isso de maneira objetiva: um agente governamental solicitou interferência de outro numa decisão técnica que o beneficiaria em caráter pessoal.

Escolher uma ou outra forma vai depender do seu objetivo, do tipo de texto que você está escrevendo ou falando. Se for prestar um exame para concurso público ou escrever um texto mais formal, dê preferência ao emprego do "lhe" apenas como objeto indireto.

Mandado × mandato

Essas duas palavras são pronunciadas e escritas de modo bem semelhante. Por essa razão, é muito comum confundi-las. Mas é preciso cuidado, pois elas têm significados muito diferentes e são utilizadas em situações bem diversas.

"Mandado" é uma ordem judicial ou um despacho administrativo. Há mandado de segurança, de prisão, de busca e apreensão etc.

"Mandato" refere-se, geralmente, ao período de exercício de um cargo eleitoral. Mandato de deputado, de senador, de presidente da República etc.

→ O juiz expediu *mandado* de busca e apreensão na residência dos empresários envolvidos no crime.
→ No Brasil, os deputados cumprem um *mandato* de quatro anos.

Na medida em que × à medida que

Apesar de serem frequentemente utilizadas como sinônimas, essas expressões têm sentidos bem diferentes. "À medida que" dá ideia de proporcionalidade, é equivalente a "à proporção que"; "na medida em que" indica causa e equivale a "uma vez que", "porque", "tendo em vista que".

- → *À medida que* passa o efeito da anestesia, a dor aumenta.
- → *Na medida em que* não chegaram a um acordo, o projeto foi vetado.

Atenção: um erro bastante comum é a mistura das duas expressões, resultando em "à medida em que". Essa forma não existe.

Obrigado × obrigada

Não é incomum, principalmente no mundo corporativo, o uso de "obrigado(a)" no final de correspondências em que os destinatários são homens e mulheres.

Tudo indica que esse emprego está relacionado à falsa impressão de que a concordância deve ser feita com o destinatário e não com o emissor da mensagem.

O adjetivo "obrigado", quando usado como agradecimento, concorda com a pessoa que fala ou escreve. Assim, homens dizem "obrigado", e mulheres, "obrigada".

Ocorre que "obrigado" vem perdendo o caráter de adjetivo. Atualmente, é empregado como interjeição, ficando, portanto, invariável.

Essa é mais uma entre as muitas mudanças que estão acontecendo no uso efetivo da língua portuguesa.

Onde × aonde

Os dois termos são corretos. O que é preciso observar é a circunstância em que cada um deve ser empregado.

→ *Onde* você está?
→ *Aonde* você vai?

"Onde" indica lugar fixo, local de permanência.

Onde Deus está? *Onde* Deus está no mundo, se existem pessoas com fome, sem-teto, refugiados, deslocados?
(Papa Francisco em visita à Cracóvia, em 2016.)

"Aonde" expressa ideia de destino, de movimento; é sempre usado com verbo que pede a preposição "a": "ir", "chegar", "dirigir-se", entre outros.

Romance cuja trama se passa à beira de floresta *aonde* pessoas vão para se matar também faz refletir sobre tolerância.
(Sylvia Colombo, *Folha de S.Paulo*.)

Por que / porque / porquê / por quê

Esta é uma dúvida compartilhada por gregos e troianos, dos mais variados níveis sociais e de escolaridade. Mas não é difícil distinguir entre as quatro formas possíveis.

por que

É utilizado em três situações.

Em perguntas diretas:

— *Por que* você a humilha?

Em perguntas indiretas:

Não entendo *por que* você a humilha.

Quando equivale a "pelo qual", "pela qual", "pelos quais", "pelas quais":

→ Este é o ideal *por que* lutamos. (= pelo qual)
→ Esta é a causa *por que* lutamos. (= pela qual)
→ Estes são os ideais *por que* lutamos. (= pelos quais)
→ Estas são as causas *por que* lutamos. (= pelas quais)

porque

Emprega-se em respostas, indicando causa, explicação.

→ Ele a humilha *porque* não passa de um cretino.
→ Venha rápido *porque* precisamos falar com você.

por quê

É empregado quando está no final de frase ou antes de um sinal de pontuação.

→ Você não respondeu meu e-mail, *por quê*?
→ Decidi também, não sei *por quê*, mandar uma carta para ele.

porquê

Utiliza-se quando se tratar de um substantivo. Em geral, vem precedido do artigo "o":

— Não quero saber o *porquê* da sua decisão.

Quem sabe inglês pode usar um artifício para distinguir entre "por que" e "porque" no caso de perguntas e de respostas. Basta pensar na frase em inglês: se tiver de usar *why*, em português o correto é "por que"; se em inglês for *because*, use "porque".

Todo × todo o

A simples presença do artigo "o" depois de "todo" altera o sentido do que se quer dizer. Veja:

- → *Todo* ano presto concurso público.
- → Estudei para concurso jurídico durante *todo o* ano de 2016.

No primeiro exemplo, a expressão "todo ano" significa "todos os anos"; no segundo, "todo o ano" refere-se ao "ano inteiro".

Outros exemplos:

- → Todo dia ela faz tudo sempre igual

  (Chico Buarque, "Cotidiano".)
- → A orientação do Ministério da Saúde aos estados e municípios é que as salas de vacinação permaneçam em atividade durante todo o dia [...].

  (Portal da Saúde)

Um dó × uma dó

Talvez por contaminação com seu sinônimo "pena", que é feminino, é bastante comum o emprego da palavra "dó" com o artigo "uma". Mas fique atento, pois, quando significa "sentimento de pena com relação a alguém, a si mesmo ou a alguma coisa", "dó" é um substantivo masculino.

- → Não tenho *nenhum dó* de você, minha querida!
- → Sinto *um dó* enorme dos moradores de rua.

Fenômeno semelhante ocorre com o substantivo "grama" no sentido de "massa", unidade de medida. Neste caso, trata-se de um substantivo masculino. Então, deve-se dizer "duzentos gramas", e não "duzentas".

Uso de "de" antes de "que"

É bastante comum a supressão da preposição "de" em construções em que ela é necessária:

- → Não há dúvida que as coisas deveriam ter sido feitas de outro modo.
- → Não se deu conta que estava sendo seguido.
- → Tenho certeza que vai acabar mudando tudo.
- → Lembrei-me que havia deixado a porta destrancada.

Em todos esses casos, as formas gramaticalmente corretas seriam:

- → Não há dúvida *de* que as coisas deveriam ter sido feitas de outro modo.
- → Não se deu conta *de* que estava sendo seguido.
- → Tenho certeza *de* que vai acabar mudando tudo.
- → Lembrei-me *de* que havia deixado a porta destrancada.

O uso indevido da preposição "de" antes de "que", com verbos transitivos diretos, também ocorre, principalmente no português falado. Por exemplo, a forma correta da frase "Penso *de* que seria necessário começar tudo de novo" é:

Penso que seria necessário começar tudo de novo.

Vultoso × vultuoso

Você já deve ter lido ou ouvido falar que o diretor deu um "vultuoso" desfalque na empresa. Na realidade, a forma correta é "vultoso", que significa "de grande vulto", "volumoso", "importante". Acrescentar o "u" é um erro comum. A palavra "vultuoso" existe em português, mas significa algo completamente diferente: diz respeito a inchaço ou edema facial.

Fique atento: "vultuoso" fica mais restrito ao meio médico.

A médica examinou o rosto *vultuoso* da paciente.

Na grande maioria das vezes, você vai usar "vultoso", pois é bem mais frequente esse uso. Veja estas frases encontradas em jornais e revistas:

→ A expectativa se ancorava, em grande medida, em *vultoso* montante de recursos.

(Editorial, *Folha de S.Paulo*.)

→ Dinheiro desviado do programa de alfabetização. Desfalque *vultoso*. Prejuízo que vai além do setor financeiro.

(Acórdão do Tribunal de Justiça do Distrito Federal e dos Territórios)

Glossário

Os termos deste glossário foram definidos da maneira mais simples possível, estritamente na acepção em que foram usados neste livro, como ajuda rápida ao leitor; não houve, pois, intenção de abarcar todos os sentidos que podem assumir em contextos diversos.

Adjunto adverbial: Termo da oração cuja função é modificar uma circunstância do fato expresso pelo verbo ou intensificar o sentido do verbo, do adjetivo e do advérbio.

Antítese: Figura de linguagem que cria um efeito de contraste, de oposição entre duas ideias dentro da mesma frase, do mesmo parágrafo ou da mesma estrofe.

Assonância: Semelhança ou igualdade de sons em palavras próximas.

Cacofonia: Nome que se dá à produção de sons desagradáveis ao ouvido. Vem daí a palavra "cacófato", que significa som impróprio ou com sentido equívoco, produzido pela união dos sons de duas ou mais palavras vizinhas.

Complemento (ou objeto) direto: Termo da oração que completa o sentido do verbo sem necessidade do emprego de preposição.

Complemento (ou objeto) indireto: Termo da oração que completa o sentido do verbo sempre necessitando de uma preposição ("a", "de", "em", "para", "com", "por"), que pode ser clara ou subentendida (casos em que se usa o pronome "lhe(s)", que está no lugar de "a ele(s)", "a ela(s)").

Conjunção: Palavra invariável usada para ligar orações ou termos que exercem a mesma função sintática dentro da oração.

Figura de linguagem: Fenômeno linguístico por meio do qual as palavras adquirem sentidos figurados, que se aplicam a situações particulares de uso.

Filologia: Estudo científico do desenvolvimento de uma língua ou de famílias de línguas, com base em documentos escritos nessas línguas.

Função sintática: Diz respeito à relação entre os termos de uma oração, ou seja, o papel que cada palavra desempenha dentro da frase: sujeito, predicado, objeto direito, objeto indireto, adjunto.

Gênero textual: Designa as diferentes formas de linguagem empregadas nos textos. Elas são mais ou menos estáveis, pois possuem algumas peculiaridades que nos permitem reconhecê-las e empregá-las em situações comunicativas concretas. Como exemplos podemos citar: notícia, conto, reportagem, relatório, receita, poema, biografia, lista, resenha, resumo, entre muitos outros.

Locução verbal: Expressão formada por um verbo auxiliar ("ser", "ter", "haver", "estar") seguido de um verbo principal. O verbo auxiliar aparece conjugado e o verbo principal, em uma das formas nominais: infinitivo, gerúndio ou particípio (como exemplo dessas formas, respectivamente, "cantar", "cantando" e "cantado").

Metáfora: Figura de linguagem que consiste no emprego de uma palavra para falar de uma realidade que normalmente não é designada por ela. A metáfora ressalta uma semelhança entre duas realidades.

Modalizador: Elemento usado por quem enuncia algo para indicar sua posição pessoal — impositiva ou não — em relação àquilo que está sendo enunciado.

Oração: Frase ou parte de uma frase que se organiza em torno de um verbo ou de uma locução verbal. Em geral, uma oração é constituída por dois elementos: sujeito e predicado. Pode ocorrer, no entanto, de constituir-se apenas de um predicado. Nesse caso, diz-se que a oração é sem sujeito.

Oração intercalada: Aquela que funciona como complemento dentro de um período, adicionando um esclarecimento, uma observação, uma ressalva. Na linguagem escrita, aparece isolada por vírgulas, travessões ou parênteses.

Oração principal: Parte de uma frase que contém a informação mais importante, porém incompleta, ligando-se sempre a uma oração subordinada que desempenha a função que falta à principal: um substantivo, um adjetivo ou um advérbio.

Oração subordinada adjetiva: Aquela que funciona como adjetivo em relação à oração principal.

Oração subordinada adverbial: Aquela que funciona como advérbio em relação à oração principal.

Oração subordinada substantiva: Aquela que funciona como substantivo em relação à oração principal.

Orações coordenadas: Orações que aparecem uma ao

lado da outra sem que haja dependência sintática entre elas, ou seja, cada oração vale por si.

Orações subordinadas: Completam o sentido de outra, chamada de principal. As orações subordinadas podem exercer a função de substantivo, adjetivo ou advérbio em relação à oração principal.

Partícula expletiva: Termo da oração que pode ser omitido sem nenhuma perda de sentido. É também conhecida como "partícula de realce".

Período: Frase constituída de uma ou mais orações. Havendo só uma oração, o período é chamado de simples; havendo duas ou mais orações, o período é composto.

Predicado: Tudo aquilo que se declara a respeito do sujeito da oração. É possível que uma oração não tenha sujeito, mas não existe oração sem predicado.

Preposição: Palavra invariável que estabelece relação entre dois termos, de forma que um completa ou explica o sentido do outro.

Sujeito: É o termo da oração sobre o qual se declara alguma coisa.

Tipologia textual: Forma como os textos se apresentam, identificada por algumas características determinantes, como relações lógicas e aspectos relativos ao vocabulário, à sintaxe e aos tempos verbais. A classificação básica considera cinco tipos: narração, descrição, dissertação (que pode ser explicativa ou persuasiva), exposição e injunção (referente a textos instrucionais, que indicam procedimentos).

Verbo intransitivo: Aquele que não precisa de complemento, pois sua significação já é completa. O sentido do verbo não transita do sujeito para o complemento.

Verbo transitivo: Aquele que precisa de um termo que lhe complete o significado. Esse termo chama-se objeto. O verbo transitivo pode ser direto, indireto ou direto e indireto. O verbo é transitivo direto quando seu sentido é completado por um termo que se liga a ele de maneira direta, isto é, sem preposição obrigatória. Esse complemento é denominado objeto direto. O verbo é transitivo indireto quando seu sentido é completado por um termo que se liga a ele de maneira indireta, isto é, com preposição obrigatória. Esse complemento chama-se objeto indireto. O verbo é transitivo direto e indireto quando precisa dos dois complementos: objeto direto e objeto indireto.

Bibliografia

ASSUMPÇÃO, Maria Elena Ortega Ortiz; BOCCHINI, Maria Otília. *Para escrever bem*. São Paulo: Manoel, 2002.

BORBA, Francisco da Silva. *Dicionário gramatical de verbos do português contemporâneo do Brasil.* São Paulo: Ed. da Unesp, 1990.

CUNHA, Celso; CINTRA, Luís Filipe Lindley. *Nova gramática do português contemporâneo*. 3. ed. Rio de Janeiro: Nova Fronteira, 2001. pp. 657-8.

FARACO, Carlos; MOURA, Francisco; MARUXO, Hamilton. *Gramática*. 20. ed. São Paulo: Ática, 2010.

FIGUEIREDO, Luiz Carlos. *A redação pelo parágrafo*. Brasília: Ed. Universidade de Brasília, 1998.

GARCEZ, Lucília H. do Carmo. *Técnica de redação: O que é preciso saber para escrever bem*. São Paulo: Martins Fontes, 2002.

GARCIA, Othon Moacyr. *Comunicação em prosa moderna*. 27. ed. Rio de Janeiro: Ed. FGV, 2010.

HOUAISS, Antônio; VILLAR, Mauro de Salles. *Dicionário Houaiss da língua portuguesa*. Rio de Janeiro: Objetiva, 2009.

MARTINS, Aira Suzana Ribeiro. *A pontuação não gramatical de Guimarães Rosa: Um estudo semiótico*. Rio de Janeiro: Ed. da UERJ, 2006.

NEVES, Maria Helena de Moura. *Gramática de usos do português*. São Paulo: Ed. da Unesp, 2000.

PEIXOTO, Francisco Balthar. *Redação na vida profissional: Setores público e privado*. São Paulo: Martins Fontes, 2001.

PINKER, Steven. *The Sense of Style*. Nova York: Viking, 2014. [Ed. bras.: *Guia de escrita: Como conceber um texto com clareza, precisão e elegância*. São Paulo: Contexto, 2016.]

RODRIGUES, Sérgio. *Viva a língua brasileira*. São Paulo: Companhia das Letras, 2016.

SQUARISE, Dad; SALVADOR, Arlete. *A arte de escrever bem: Um guia para jornalistas e profissionais do texto*. São Paulo: Contexto, 2005.

STRUNK JR., William; WHITE, E. B. *The Elements of Style*. 4. ed. New Jersey: Pearson, 1999.

SUÁREZ ABREU, Antonio. *A arte de argumentar: Gerenciando razão e emoção*. Cotia: Ateliê, 2009.

________. *O design da escrita: Redigindo com criatividade e beleza, inclusive ficção*. Cotia: Ateliê, 2008.

TOULMIN, Stephen. *Os usos do argumento*. São Paulo: Martins Fontes, 2001.

WILBERS, Stephen. *Keys to Great Writing: Mastering the Elements of Composition and Revision*. Cincinnati, Ohio: Writer's Digest Books, 2000.

WILSON, John. *Pensar com conceitos*. São Paulo: Martins Fontes, 2005.

ZINSSER, William. *On Writing Well: The Classic Guide to Write Nonfiction*. Nova York: Collins, 2006. [Ed. bras.: *Como escrever bem*. São Paulo: Três Estrelas, 2017.]

Referências bibliográficas dos exemplos citados

AGÊNCIA LUSA. "Mundo está mais verde hoje do que há trinta anos, diz estudo". EBC Agência Brasil, 25 abr. 2016. Disponível em: <agenciabrasil.ebc.com.br/internacional/noticia/2016-04/>. Acesso em: 20 maio 2017.

AHMED, Azam. "Cidade no Haiti se reerguia. Aí, chegou o furacão...". *O Estado de S. Paulo*, 11 out. 2016. Disponível em: <http://internacional.estadao.com.br/noticias/geral,cidade-no-haiti-se-reerguia-ai-chegou-o-furacao-,10000081384>. Acesso em: 22 maio 2017.

ALCOFORADO, Mariana. *Cartas portuguesas*. Porto Alegre: L&PM, 1997.

ALEXANDRE, Fernando et al. (Org.). *A economia portuguesa na União Europeia: 1986-2010*. Lisboa: Actual, 2015. (Extra Coleção).

ALMANAQUE DO IPEM. Disponível em: <https://ipemsp.wordpress.com/tag/filosofia/>. Acesso em: 23 maio 2017.

ALVES, Renato. "Conheça os lugares frequentados por Renato Russo, morto há 20 anos". Disponível em: <http://www.correiobraziliense.com.br/app/noticia/cidades/2016/10/11/interna_cidadesdf,552679/conheca-os-lugares-frequentados-por-renato-russo-morto-ha-20-anos.shtml>. Acesso em: 22 maio 2017.

ANGELO, Ivan. "Tropeços". *Veja São Paulo*, 23 abr. 2003.

BARBOSA, Cássio W. "Ressacas não só causam dor de cabeça, mas também emburrecem". Megacurioso, 8 ago.

2013. Disponível em: <www.megacurioso.com.br/bebidas-alcoolicas/37585-ressacas-nao-so-causam-dor-de-cabeca-mas-tambem-emburrecem.htm>. Acesso em: 22 maio 2017.

BATESON, Mary Catherine. "Sobre a naturalidade das coisas". In: BROCKMAN, John; MATSON, Katinka (Orgs.). *As coisas são assim*. São Paulo: Companhia das Letras, 1997.

BRAGA, Rubem. "Como se fora um coração postiço...". In: ______. *50 crônicas escolhidas*. Rio de Janeiro: José Olympio, 1951.

BRAINLY. Disponível em: <http://brainly.com.br/tarefa/5814327>. Acesso em: 22 maio 2017.

BRASIL. Decreto-Lei n. 9215, de 30 de abril de 1946. Disponível em: <http://www.planalto.gov.br/ccivil_03/Decreto-Lei/Del9215.htm>. Acesso em: 23 maio 2017.

BRASIL. Presidência da República. *Manual de redação da Presidência da República*. 2. ed. rev. e atual. Brasília, 2002.

BUCCI, Eugênio. "Comunicar-se-ão?". *O Estado de S. Paulo*, 29 set. 2016. Disponível em: <http://opiniao.estadao.com.br/noticias/geral,comunicar-se-ao,10000078858>. Acesso em: 22 maio 2017.

CALERO, Marcelo. "Fora do governo, Calero acusa Geddel de pressioná-lo para liberar obra". *Folha de S.Paulo*, 19 nov. 2016. Disponível em: <http://www1.folha.uol.com.br/poder/2016/11/1833696-fora-do-governo-calero-acusa-geddel-de-pressiona-lo-para-liberar-obra.shtml>. Acesso em: 24 maio 2017.

CALLIGARIS, Contardo. "O que faz que, apesar da separação

dos amantes, um amor não acabe?". *Folha de S.Paulo*, 10 set. 2016. Disponível em: <http://www1.folha.uol.com.br/colunas/contardocalligaris/2016/09/1808848-o-que-faz--que-apesar-da-separacao-dos-amantes-um-amor--nao-acabe.shtml>. Acesso em: 22 maio 2016.

CANDIDO, Antonio. *Ficção e confissão*. Rio de Janeiro: Editora 34, 1992.

CARDOSO, Fernando Henrique. "Triste fim". *O Estado de S. Paulo*, 4 set. 2016. Disponível em: <http://opiniao.estadao.com.br/noticias/geral,triste-fim,10000073965>. Acesso em: 22 maio 2017.

CARRASCO, Walcyr. "A revolta dos tios". In: ______. *O golpe do aniversariante e outras crônicas*. São Paulo: Ática, 2001. (Para Gostar de Ler, 20).

CARSON, Rachel. "É uma situação curiosa [...]". Disponível em: <http://worldslargestlesson.globalgoals.org/pt/global-goals/life-below-water/>. Acesso em: 23 maio 2017.

CASTRO ALVES, Antônio de. "O navio negreiro". In: ______. *Os escravos*. 4. ed. Rio de Janeiro: Nova Aguilar, 1986.

COLOMBO, Sylvia. "Visão oriental da morte é tema de Valter Hugo Mãe". *Folha de S.Paulo*, 19 nov. 2016.

CORRÊA DA COSTA, Sérgio. *Palavras sem fronteira*. Rio de Janeiro: Record, 2000.

COTRIM, Mário. "Outrossins". Disponível em: <stat.correioweb.com.br/concursos/prepare-se/download/arquivos/exemploprova.doc>. Acesso em: 22 maio 2017.

DRUMMOND DE ANDRADE, Carlos. "Esparadrapo". In: ______.

De notícias & não notícias faz-se a crônica. 2. ed. Rio de Janeiro: José Olympio, 1975.

DRUMMOND DE ANDRADE, Carlos. "Lembrança do mundo antigo". In: ______. *Sentimento do mundo*. São Paulo: Companhia das Letras, 2012.

DAVIES, Paul. "O que aconteceu antes do big bang?". In: BROCKMAN, John; MATSON, Katinka (Orgs.). *As coisas são assim*. São Paulo: Companhia das Letras, 1997.

DIREITONET. Decisão do Tribunal de Justiça acerca de problemas com atrasos condominiais. Disponível em: <www.direitonet.com.br/noticias/exibir/7865/Multa-por-atraso-no-pagamento-de-condominio-e-limitada-a-2-apos-novo-Codigo-Civil>. Acesso em: 22 maio 2017.

DISTRITO Federal. Tribunal de Justiça do Distrito Federal e dos Territórios. Acórdão n. 621783 do Processo n. 199901107 34979apr, 20 set. 2012. Disponível em: <http://www.lexml.gov.br/urn/urn:lex:br;distrito.federal:tribunal.justica.distrito.federal.territorios;turma.criminal.3:acordao:2012-09-20;621783>. Acesso em: 30 maio 2017.

ECO, Umberto. *Como se faz uma tese*. 19. ed. São Paulo: Perspectiva, 2005.

FACULDADE Santo Agostinho. Termo de Consentimento Livre e Esclarecido. Disponível em: <https://www.fsanet.com.br/institucional/comite-de-etica/tcle>. Acesso em: 22 maio 2017.

FELICE, Massimo Di. Entrevista. *revista e*, n. 249, mar. 2017.

FÉLIX, António Bagão. "A narrativa". Tudo Menos Economia, 2 ago. 2016. Disponível em: <blogues.publico.pt/

tudomenoseconomia/2016/08/02/a-narrativa/>. Acesso em: 22 maio 2017.

FOLHA de S.Paulo. Editorial, 30 set. 2016. Disponível em: <http://www1.folha.uol.com.br/opiniao/2016/09/1818212-sanear-projetos-e-gestao.shtml>. Acesso em: 30 maio 2017.

FONSECA, Dagoberto José da. "A História, o africano e o afro-brasileiro". Disponível em: <https://acervodigital.unesp.br/bitstream/123456789/46188/1/01d21t05.pdf>. Acesso em: 22 maio 2017.

GADELHA, Igor. "Governadores pedem que prazo de repatriação seja estendido no máximo até 8 de novembro". *O Estado de S. Paulo*, 11 out. 2016. Disponível em: <http://economia.estadao.com.br/noticias/geral,governadores-pedem-que-prazo-de-repatriacao-seja-estendido-no-maximo-ate-8-de-novembro,10000081476>. Acesso em: 30 maio 2017.

GALEANO, Eduardo. *O livro dos abraços*. Porto Alegre: L&PM, 1991.

GALERA, Daniel. *Barba ensopada de sangue*. São Paulo: Companhia das Letras, 2012.

GUANAES, Nizan. "Se você estuda, cuidado para não estar aprendendo sobre o passado". *Folha de S.Paulo*, 16 ago. 2016. Disponível em: <http://www1.folha.uol.com.br/colunas/nizanguanaes/2016/08/1803333-se-voce-estuda-cuidado-para-nao-estar-aprendendo-sobre-o-passado.shtml>. Acesso em: 22 maio 2017.

GUIMARÃES ROSA, João. *Grande Sertão: Veredas*. Rio de Janeiro: Nova Fronteira, 2006.

HECKER, Alexandre. *Uma história da longevidade no Brasil*. São Paulo: Conexão Nacional, 2014.

HENRIQUE, Aislan. "Saiba o que fazer durante esse tempo seco". Disponível em: <www.patosagora.net/noticia/saiba-o-que-fazer-durante-esse-tempo-seco>. Acesso em: 21 nov. 2016.

JORGE, Mariliz Pereira. "Futebol continua sendo um reduto de homofobia". *Folha de S.Paulo*, 25 mar. 2017. Disponível em: <http://www1.folha.uol.com.br/colunas/marilizpereirajorge/2017/03/1869681-futebol-continua-sendo-um-reduto-de-homofobia.shtml>. Acesso em: 22 maio 2017.

KARNAL, Leandro. "Gentileza gera gentileza". *O Estado de S. Paulo*, 18 set. 2016. Disponível em: <http://cultura.estadao.com.br/noticias/geral,gentileza-gera-gentileza,10000076501>. Acesso em: 22 maio 2017.

______. "O historiador como juiz". Disponível em: <http://cultura.estadao.com.br/noticias/geral,o-historiador-como-juiz,10000075101>. Acesso em: 23 maio 2017.

KEHL, Maria Rita. "A preguiça na cadência do samba". In: NOVAES, Adauto (Org.). *Elogio à preguiça*. São Paulo: Edições Sesc SP, 2012.

LADEIRA, Julieta de Godoy. *As mil e uma noites*. São Paulo: Scipione, 1988. (Série Reencontro).

LAFER, Celso. "O Itamaraty na cultura brasileira". In: ______. *O Itamaraty na cultura brasileira*. Rio de Janeiro: Livraria Francisco Alves, 2002.

LEX Magister. Contrato de locação de imóvel. Disponível em:

<www.lex.com.br/contrato_1127066_CONTRATO_DE_LOCACAO_DE_IMOVEL_RESIDENCIAL.aspx>. Acesso em: 22 maio 2017.

LISPECTOR, Clarice. *Correspondências*. Rio de Janeiro: Rocco, 2002.

MACHADO, Leandro. "Pancadões universitários crescem e tiram sono de moradores em SP". *Folha de S.Paulo*, 19 ago. 2016. Disponível em: <http://www1.folha.uol.com.br/cotidiano/2016/08/1804648-pancadoes-universitarios-crescem-e-tiram-sono-de-moradores-em-sp.shtml>. Acesso em: 22 maio 2017.

MACHADO DE ASSIS, Joaquim Maria. "O alienista". In: ______. *Os melhores contos*. São Paulo: Global, 1985.

______. "Os bondes elétricos". In: ______. *Fuga do hospício e outras crônicas*. 2. ed. São Paulo: Ática, 1999. (Para Gostar de Ler, 26).

______. "Primas de Sapucaia!". In: *Contos: Uma antologia*. Sel., introd. e notas de John Gledson. São Paulo: Companhia das Letras, 1998. v. II.

MANDELA, Nelson. "Chegou o momento de construir". Disponível em: <maioresdiscursos.blogspot.com.br/>. Acesso em: 22 maio 2017.

MELLO, Evaldo Cabral de. *Um imenso Portugal: História e historiografia*. 2. ed. São Paulo: Editora 34, 2008.

MENDES CAMPOS, Paulo. "Palacete Mon Rêve". In: ______. *Cisne de feltro: Crônicas autobiográficas*. Rio de Janeiro: Civilização Brasileira, 2001.

______. "O despertar da montanha". In: ______. *Balé do pato e outras crônicas*. São Paulo: Ática, 1998. (Para Gostar de Ler, 24).

MENDES CAMPOS, Paulo. "A verdadeira história de pio". In: ______. *O anjo bêbado*. Rio de Janeiro: Sabiá, 1969.

MOURA, Flávio. "Alexander Calder e a reinvenção onírica da forma pura". *Folha de S.Paulo*, 2 out. 2016. Disponível em: <http://www1.folha.uol.com.br/ilustrissima/2016/10/1818400-alexander-calder-e-a-reinvencao-onirica-da-forma-pura.shtml>. Acesso em: 22 maio 2017.

NASSAR, Raduan. *Lavoura arcaica*. São Paulo: Companhia das Letras, 1989.

NOVELLI, Guilherme. "No breu". *piauí*, n. 119, ago. 2016. Disponível em: <http://piaui.folha.uol.com.br/materia/no-breu/>. Acesso em: 22 maio 2017.

NUNO, Fernando. Apresentação. In: LIMA, Célia Regina de. *Eu poderia acordar todas as letras*. São Paulo: Miró, 2015.

OUCHI, Bruna Yuri. "Desacelere". *Ponto de Encontro*, n. 22, ago.-set. 2016.

PORTAL da Saúde. Disponível em: <http://portalsaude.saude.gov.br/index.php/o-ministerio/principal/secretarias/svs/noticias-svs/25720-dia-d-de-multivacinacao-ocorre-neste-sabado-24-em-todo-o-pais>. Acesso em: 24 maio 2017.

PORTAL Senado Notícias. "Quatro propostas com pedido de vista voltam ao exame da CCJ", 30 jan. 2015. Disponível em: <http://www12.senado.leg.br/noticias/materias/2011/10/21/quatro-propostas-com-pedido-de-vista-voltam-ao-exame-da-ccj/>. Acesso em: 30 maio 2017.

PORTUGAL, *Madeira e Açores*. São Paulo: Publifolha, 2008. (Guia Visual Folha de S.Paulo).

POUZADOUX, Claude. *Contos e lendas da mitologia grega*. São Paulo: Companhia das Letras, 2001.

PRADO JÚNIOR, Caio. *Formação do Brasil contemporâneo*. 23. ed. São Paulo: Brasiliense, 2007.

PRATA, Mário. *Mário Prata entrevista uns brasileiros*. Rio de Janeiro: Record, 2015.

RÉGIA, Vicky. "Lugar de mulher é nas Olimpíadas". *Capitolina*, 17 ago. 2016. Disponível em: <www.revistacapitolina.com.br/lugar-de-mulher-e-nas-olimpiadas/>. Acesso em: 22 maio 2017.

REINACH, Fernando. *A longa marcha dos grilos canibais*. São Paulo: Companhia das Letras, 2010.

REY, Marcos. "O pingo". In: ______. *O coração roubado e outras crônicas*. 2. ed. São Paulo: Ática, 2001. (Para Gostar de Ler, 19).

RIBEIRO, Renato Janine. *A democracia*. 2. ed. São Paulo: Publifolha, 2002. (Folha Explica).

RIO Grande. Prefeitura Municipal. Contrato de prestação de serviços. Disponível em: <www.riogrande.rs.gov.br/pagina/arquivos/licitacao_anexo/contrato_82-15_smcsu.pdf>. Acesso em: 22 maio 2017.

ROCHA, Camilo. "Como escrever melhor: Autores compartilham suas experiências". *Nexo*, 8 nov. 2016. Disponível em: <https://www.nexojornal.com.br/servico/2016/11/08/Como-escrever-melhor-autores-compartilham-suas-experi%C3%AAncias>. Acesso em: 30 maio 2017.

RONCOLATO, Murilo; TONGLET, Ariel; PRADO, Guilherme. "As músicas dos 100 anos com samba". *Nexo*, 23 ago. 2016. Disponível em: <https://www.nexojornal.com.br/especial/2016/08/23/As-m%C3%BAsicas-dos-100-anos-com-samba>. Acesso em: 22 maio 2017.

ROSSI, Clóvis. "Mundo volta a apontar necessidade de pôr ordem no capitalismo". *Folha de S.Paulo*, 8 set. 2016. Disponível em: <http://www1.folha.uol.com.br/colunas/clovisrossi/2016/09/1811207-mundo-volta-a-apontar-necessidade-de-por-ordem-no-capitalismo.shtml>. Acesso em: 22 maio 2017.

SCHWARCZ, Lilia; STARLING, Heloisa. *Brasil: Uma biografia*. São Paulo: Companhia das Letras, 2015.

TERRON, Joca Reiners. "'O Ruído do Tempo' reconta agruras de músico sob Stálin". *Folha de S.Paulo*, 10 abr. 2017. Disponível em: <http://www1.folha.uol.com.br/ilustrada/2017/04/1871551-o-ruido-do-tempo-reconta-agruras-de-musico-sob-stalin.shtml>. Acesso em: 22 maio 2017.

TREVISAN, Dalton. *O rei da terra*. Rio de Janeiro: Record, 1979.

VELOZO, Mariza; MADEIRA, Angélica. *Leituras brasileiras: Itinerários no pensamento social e na literatura*. São Paulo: Paz e Terra, 1999.

VÉRAS, Maura Pardini Bicudo et al. "Velhices: reflexões contemporâneas". In: HECKER, Alexandre. *Uma história da longevidade no Brasil*. São Paulo: Conexão Nacional, 2014.

Índice remissivo

Grafia atualizada segundo o Acordo Ortográfico da Língua Portuguesa de 1990, que entrou em vigor no Brasil em 2009.

Capa e projeto gráfico MATEUS VALADARES
Preparação ANA MARIA ALVARES
Índice remissivo LUCIANO MARCHIORI
Revisão HUENDEL VIANA e ANGELA DAS NEVES

Dados Internacionais de Catalogação na Publicação (CIP)
(Câmara Brasileira do Livro, SP, Brasil)

Moura, Chico
Tirando de letra: orientações simples e práticas para escrever bem / Chico Moura, Wilma Moura. — 1ª ed. — São Paulo: Companhia das Letras, 2017.

Bibliografia
ISBN 978-85-359-2963-8

1. Escrita 2. Escrita – Estudo e ensino
3. Gramática – Estudo e ensino 4. Ortografia
5. Português – Redação I. Moura, Wilma. II. Título.

17-07565 CDD-469.1

Índice para catálogo sistemático:
1. Escrita: Português: Linguística 469.1

[2017]

EDITORA SCHWARCZ S.A.
Rua Bandeira Paulista, 702, cj. 32
04532-002 — São Paulo — SP
Telefone: (11) 3707-3500
www.companhiadasletras.com.br
www.blogdacompanhia.com.br
facebook.com/companhiadasletras
instagram.com/companhiadasletras
twitter.com/cialetras

Tipologias FAKT E MONOSPACE
Papel PÓLEN BOLD
Impressão GRÁFICA BARTIRA, SETEMBRO DE 2017

FSC
www.fsc.org
MISTO
Papel produzido a partir de fontes responsáveis
FSC® C105484

A marca FSC® é a garantia de que a madeira utilizada na fabricação do papel deste livro provém de florestas que foram gerenciadas de maneira ambientalmente correta, socialmente justa e economicamente viável, além de outras fontes de origem controlada.